失敗しない謝り方

東北大学大学院教授
大渕憲一

CCCメディアハウス

はじめに

ここ数年、釈明会見が頻繁に開かれている。個人や企業が謝罪や弁明を繰り返しているが、なかには、「これは謝罪なのだろうか」と不審に思えるものや、「なんという無責任」と非難されるケースも見られる。

私が東北大学で研究している社会心理学の観点からいうと、謝罪は「釈明」のひとつであり、そのほか、否認や正当化、弁解なども「釈明」の中に含まれる。謝罪したつもりが、「責任逃れだ」とか「嘘じゃないか」などと非難されるのは、そうした「釈明」の使い分けを誤っているからともいえるであろう。

日本人は総じて、謝罪好きである。あなたも人の部屋に入るときには、「失礼します」

ではなく、「すみません」と言うのではないであろうか。「すみません」という言葉は、実に頻繁に言うし、言われもする。それは、口癖といってもいいほどのものであろう。

日本人であれば、加害者は謝罪をしたがるし、被害者も謝罪を受け入れる。責任の所在が曖昧《あいまい》だから謝るのは適当でないと思っても、社会的な圧力を受けて、謝らざるを得ない場合もある。

かつて、外国製エレベーターが人身事故を起こしたことがあったが、その時点では事故原因が不明だったため、外国人トップは責任を保留して謝罪をせず、そのことが日本人の嫌悪感情に火をつけた。まもなく、経営陣は謝罪せざるを得なくなったが、欧米人からすれば、なんと日本人は感情的なのだろうと困惑したことであろう。

最近は会社内でも、営業上のトラブルなどが多くなっていると聞く。コミュニケーションがうまくとれないこともあって、どう釈明すればいいのかわからず、事態を悪化させてしまうのかもしれない。あるいは、上司に対する謝り方が悪く、自分の評価を落としたり、嫌悪感をもたれたりする。会社員を続けていこうと思えば、それは、最も避けるべき由々しき事態といえるであろう。

それでは、事件や事故、周囲を不快にさせたことなどに対し、どのように謝罪をすればいいのか、あるいは、どのように弁明するのがいいのか。その対応は、会社などの組織と個人とでは異なる。さらに、相手が集団であるのか、個人であるのかでも異なる。

個人に対する謝罪の場合、日本人は謝罪を好むとはいっても、ナルシスト的傾向のある人など、性格によっては謝罪を受け入れないこともある。

適切な謝罪は、事件や事故を起こして会社や自分の信頼が低下した場合、その信頼を回復させる効果がある。

しかし、たとえば遅刻して謝罪しても、その後も相変わらず遅刻を続けていれば、今度はその人の性格面が問題視され、「あの人は口先だけだ」とか「だらしない」とか、かえって評価を落としてしまうこともある。そんなことを何度も繰り返していれば、倫理面で問題のある人と思われ、信頼を回復できるどころか、評判は落ち込む一方になるであろう。痴漢行為なども同様である。

倫理面に問題があるとみなされた場合は、謝罪しても悪評を返上することは難しいと覚悟したほうがいい。

頻繁に謝罪する日本人ではあるが、そのメカニズムを知っている人は数少ない。どのようにすれば、組織や個人が起こした問題を沈静化させることができるのだろう、と悩んでいる人も多いのではないであろうか。

本書は、謝罪をはじめとする釈明のメカニズムを社会心理学の観点から解明し、体系的に説明し、それらの疑問に答えることを目的としたものである。また、謝罪を解明する過程において、日本人の精神や気質などが見えてくることもあり、それらの説明にも多くを割いた。

たとえば、日本人は和を尊び、調和を重んじるが、欧米人のように社交的ではない。どちらかといえば交際・交流が苦手で、必要以上に相手と近づくことを避ける。日本人はナイーブでストレスに弱く、自己主張が苦手なのである。だから、とりあえず謝罪し、いざこざを避けようとする。

そう考えれば、かつて日本が鎖国をしていたのも、諸外国と丁々発止のやりとりをするのが苦手なのも、理解できるであろう。

戦後七〇年が過ぎ、日本人の生活スタイルは欧米化したが、私たちの心にはまだまだ日本人らしさが潜んでいる。それを理解すれば、あなた自身の世の中の見方も、少しは変わってくるのではないであろうか。

あなたや会社が関わったマイナスの事態を悪化させずに収束させるにはどうすればいいのか、あるいは、会社で自分の評価を上げたり、周囲と上手に付き合ったりするにはどうすればいいのか……。

本書が、そんな問題を解決するためのヒントになれば幸いである。

東北大学大学院文学研究科教授　大渕憲一

失敗しない謝り方——目次

5——謝罪を受け入れる人、受け入れない人

6――謝らない人、謝ろうとしない人

7——失敗しない謝り方

失敗しない謝り方

1――すぐに謝る日本人

「ありがとう」と「すみません」

世界の中でも日本人は、謝罪好きだと思われている。

外国人のなかには、「日本人はすぐに謝る」「強く出たら、たいてい日本人は引っ込む」と言う人さえいる。初めて外国旅行に出る日本人に、「外国ではトラブルに遭ってもすぐに謝ってはいけません。全部あなたのせいにされてしまいますよ」とアドバイスする旅行業者もあると聞く。

何となく納得してしまう話だが、こうした日本人の傾向というのは本当なのであろうか。日本人が謝罪を好むことは、多くの文化比較研究で確認されている。日本の大学に勤める外国人教師たちに聞いても、「日本人はすぐに謝る」という印象を持っている人が多い。

私の知るある外国人教師も、日本人学生は部屋に入ってくるなり「すみません」と言うので、慣れないうちは、「彼はどんな悪いことをしたのだろう?」と思ったと言っていた。日本人の側から説明するなら、「すみません」というのは「仕事の邪魔をして申し訳ない」という意味であり、そこに、人に対する気遣いを重んじる日本人ならではの心理が含まれている。

東北学院大学で教鞭をとるクリストファー・ロング教授が、日本人の特徴を示す興味深い言語心理分析を行っている。

人からコーヒーを注いでもらったり、荷物を運ぶのを手伝ってもらったり、他の人から援助を受ける場面を日本人参加者に示し、「そうした状況で、あなたなら相手にどう言いますか?」と聞いた。すると、欧米人なら「ありがとう」と感謝を表すような場面でも、日本人は「すみません」と謝罪の言葉を口にすることが多かったのである。

その理由についてロング教授は、「日本人は相手に与えた負担に目を向けるから」と解釈している。

日本人は、周囲から思いがけない援助を受けると、もちろん「ありがたい」「助かった」という気持ちにはなるけれど、それ以上に、相手に負担を与えたことが気になって、「すみません」という謝罪の言葉が口をついて出てしまう。また、そうした反応は、相手が目上の人や初対面の人であれば目立って多くなる、とも教授は指摘している。日本人としては、うなずける話ではないであろうか。

日本に限らず、人々の間には、家族や友人など親しい人が困っていたら、互いに助け合うという暗黙のルールがある。だから、相手が家族や友人であれば、援助を受けても特別な負担を与えたと感じることが少なく、比較的自然に「ありがとう」という言葉を口にすることができる。

しかし、目上の人や初対面の人であれば、そうはいかない。家族や友人との間には存在する互恵的なルールがないから、自分のほうが一方的に、もてなしや援助を受けたという感覚に陥る。それが「ありがたい」という思いを超えて、申し訳ないと恐れ入ってしまうことが、「すみません」と謝ってしまう理由である。

江戸時代のような身分制度のあった時代、武士などから親切にされると、庶民は「恐れ多い」という感謝の表現をよく用いた。広辞苑によると、「恐れ多い」とは「大変申し訳ない」とか「大層もったいない」という意味で、ここにも、相手が感じているであろう煩《わずら》わしさや手間などを思いやり、感謝よりも謝罪の言葉を口にしたい日本人の心情が見られる。

日本人にはこのように、自分の受けたもてなしや援助に対し、相手側の負担を慮《おもんぱか》る傾向がある。そうした「相手を思いやる」行動は、私たちの美点であるとともに、人間関係を乱さないための工夫でもある。

日本人は、和を乱すことを恐れるあまり、「自分が周囲からどう思われているのか」ということを過剰に気にする傾向がある。個人主義の欧米人に比べ、周囲に合わせるという同調行動が多いのも、日本人の特徴のひとつである。

日本人にとって恐ろしい罰は、江戸時代なら「村八分」であったし、戦時中なら「非国民」と呼ばれることであった。現代でも子どもたちは、「シカト」されることに異常な恐怖を抱いている。学校やその周辺で起きる痛ましい事件を耳にするたびに、自分の居場所を失うことを極度に恐れる日本人の心情が透けて見え、悲しい思いをするのは私だけではないであろう。

ロング教授は、小学生を対象にしても同様の言語心理分析を行っている。それによると、何かしてくれたことに対し、低学年では「ありがとう」と礼を言う子が多かったが、高学年になると「すみません」と謝罪する子が増えたという。

これは、年少の頃は素直な反応をみせていた子どもたちが、他者に対する感受性が増す思春期以降に、相手への気遣いという暗黙のルールを身に付け始めることを意味している。

謝罪に対する考え方の違い

東北大学の私たちの研究室では、日本とアメリカの大学生たちに「自分が人に迷惑をかけたときはどうするか」と聞き、さまざまな状況下で、**「謝罪」「弁解」「正当化」「否認」**のどの釈明を選択するかを調査した。

両者を比較してみると、同じ状況にもかかわらず、日本人はアメリカ人よりも謝罪する人が多く、弁解したり正当化したりする人が少なかった（図1）。このことからも、欧米人と比べて、日本人の謝罪傾向の強さがわかる。

[図1] 釈明選択の日米比較

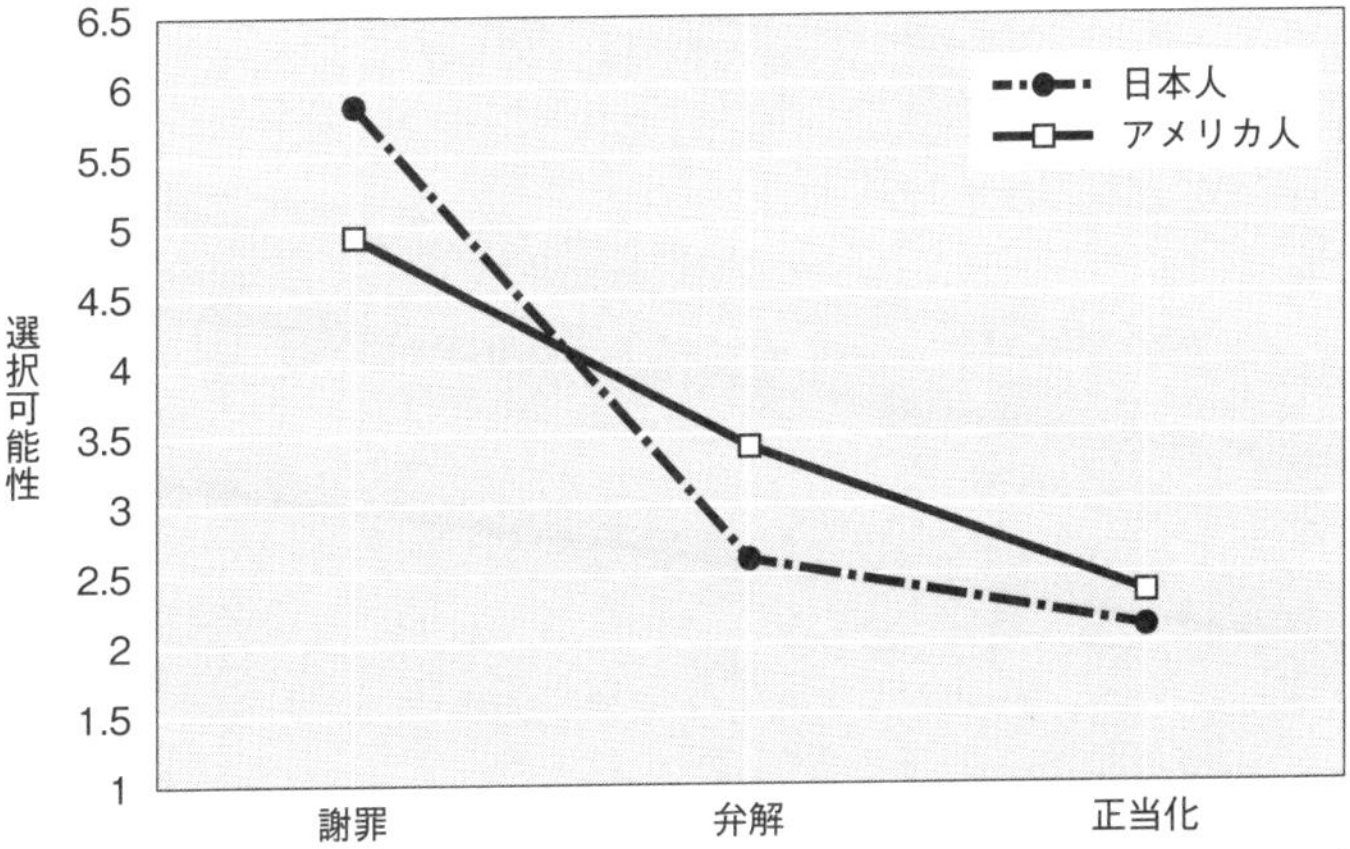

(Ohbuchi et al., 2003)

この調査では、また、加害者の立場になった学生たちに、「謝罪や正当化のうち、どれが相手に最も受け入れられると思うか」ともたずねている。結果は図2、図3の折れ線グラフに示されているが、これを見ると、日本人もアメリカ人も、謝罪が最も受け入れられるだろうと答えている。

しかし、アメリカ人の加害者は日本人の加害者に比べて、弁解したり正当化したりしても、被害者から受け入れられる可能性が高いと期待していることもわかった。

一方、日本人ではこうはいかない。この調査によると、日本人の加害者は、謝罪でなければ被害者からは受け入れられないだろうと強く感じていることがわかった。

今度は、被害者の立場に立って、加害者の謝罪や弁解を受け入れるかどうかを聞いたところ、アメリカ人学生の多くが、謝罪よりも弁解や正当化を受け入れると答えた。さらに驚くべきことに、否認さえも、謝罪と同程度に受け入れると答えている。一方で日本人の被害者は、やはり、謝罪を最も受け入れると回答している。

米国カリフォルニア州立大学で研究していた高橋佳子氏の調査でも、そのことが裏付けられている。彼女は、「もし自分が窃盗被害に遭い、犯人が逮捕されて裁判にかけられたら、その被告人に謝罪を要求するか」と日米両国の大学生に質問した。

［図２］アメリカでの釈明者の期待と受け手の反応

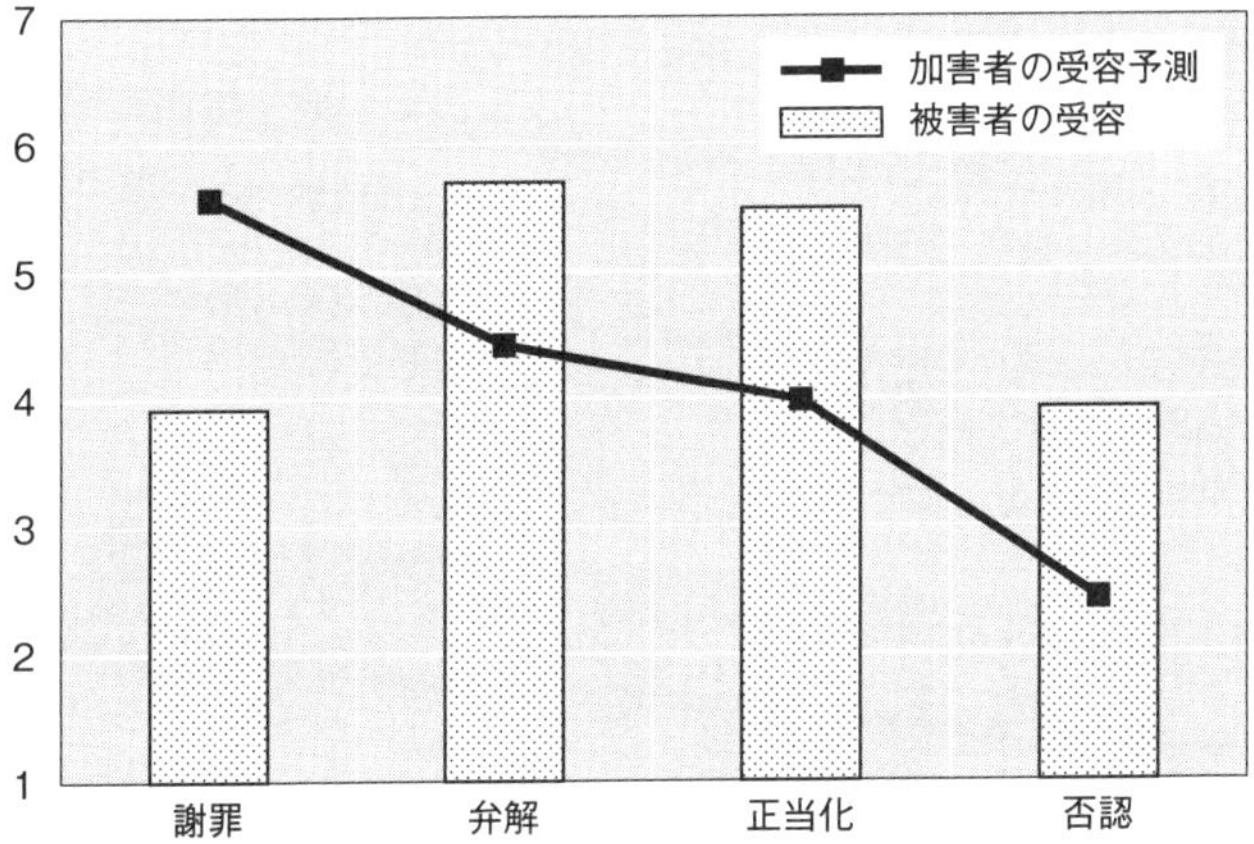

［図３］日本での釈明者の期待と受け手の反応

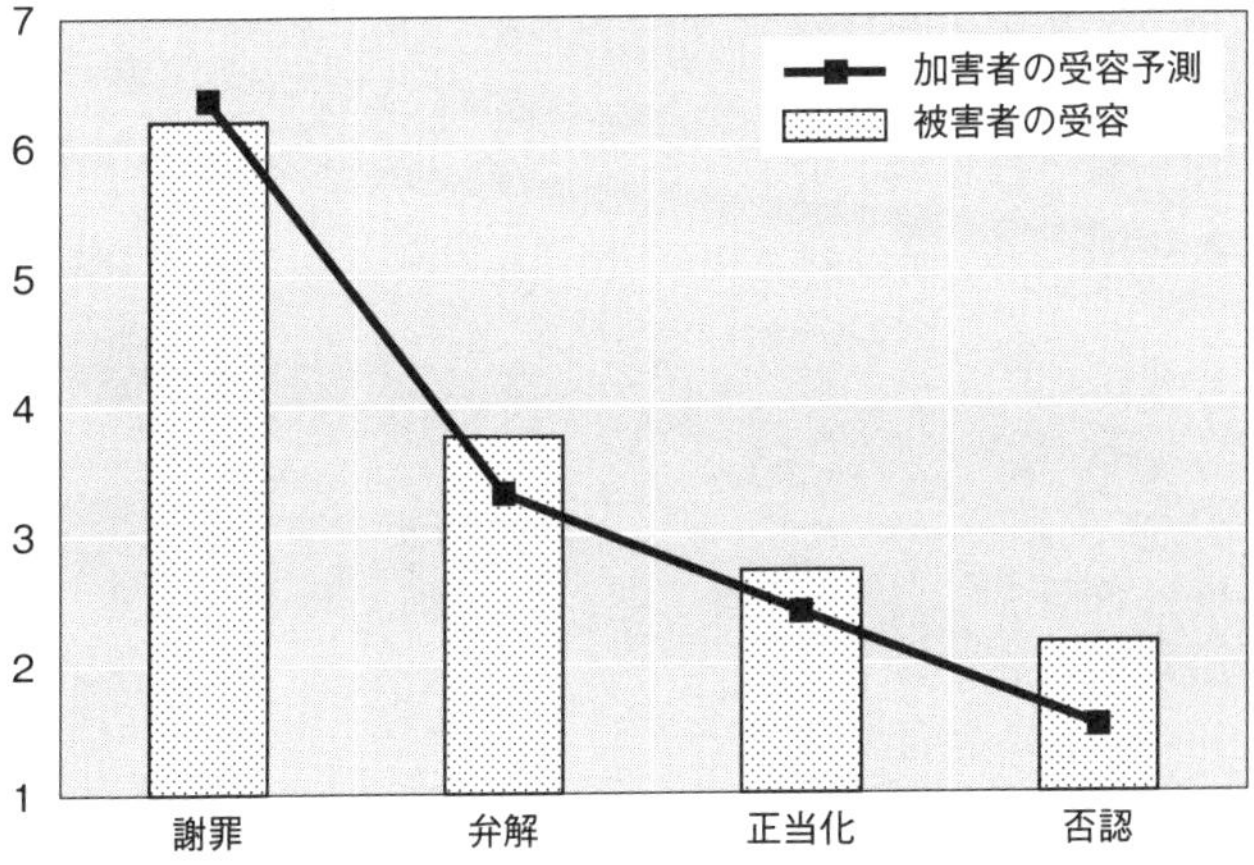

（いずれも大渕，2010b）

結果は、日本人学生の6割が謝罪を強く求めると回答したのに対し、アメリカ人学生は4割にとどまった。この調査からも、日本人は加害者に対し、謝罪を求める気持ちが特に強いことがわかる。日本では、加害者も被害者も、ともに謝罪を重視するのである。

その違いは、自己主張に対する日米文化の違いでもある。

日本人は人間関係志向が強く、周囲に自分を合わせようとする。その結果、自己主張を抑え、他の人たちに同調する傾向が強い。日本では「自己主張」という言葉が否定的なニュアンスを持っており、強く自分を主張することは和を乱すことであり、「わがままだ」と言われたり、「自己中心的だ」と言われたりする。

一方、個人主義文化の強いアメリカでは、個人の自己主張は容認されるどころか、推奨される。むしろ、日本人のように遠慮して、自分の考えや望みをきちんと表現しないほうが不適切で、社会人として欠けるところがあると見なされる。だから、アメリカ人の間では、失敗や規則違反などがあった際、謝罪ではなく、弁解や正当化をしても、その内容が納得できるものであれば受け入れられるのであろう。

とはいえ、アメリカでも謝罪が重要であることに変わりはない。日本にもアメリカにも、程度の差こそあれ、「他人に迷惑をかけた人は、とりあえず謝るべきだ」という社会的ルール(謝罪規範)がある。そうしたことについては、第2章以降で詳しく説明しよう。

日本人は潔さを重視する

日本人が謝罪好きである理由のひとつに、人間関係を重視する心理傾向を挙げたが、これは日本人だけの特徴ではない。西欧諸国の個人主義文化に対して、日本と同様、中国、韓国などの東アジア地域でも集団主義文化が強いとされ、人間関係が重視される。

東アジアの人々は、他の人たちから仲間として受け入れられたいという気持ちを強く持っており、他の人たちと協力したり、助け合ったりすることに積極的である。家族、友人、同僚など親しい人たちとの関係を大切にし、彼らのために、自分の個人的利害を度外視した行動を取ることもある。

人間関係を重視する人々の間では、自分が周囲に何らかの迷惑をかけたり、そうしたことへの関わりが疑われたりした場合に、謝罪をする傾向がある。それはもちろん、築いてきた人間関係を壊さないためである。

実際、欧米人と比較して、中国人や韓国人は、こうした状況に直面すると、謝罪したり、謝罪を強く求めたりする傾向がある。つまり、謝罪優先傾向は日本人だけの特徴ではない。

しかし、私たちの研究室で最近行われた調査では、日本人のほうが中国人よりも、謝罪に対して、より好意的であることがわかった。

中国から東北大学に留学していた大学院生の王瑩さんは、日本と中国の大学生たちに、学校、職場、地域などで、主人公が他の人から被害を受けるエピソードを読ませ、自分がその主人公だったら、加害者からの謝罪を受け入れるかどうかをたずねた。結果は、日本人のほうが、中国人よりも謝罪を受け入れやすく、同じ東アジア文化圏の人々の間でも、日本人が特に謝罪に対して好意的であることを明らかにした。

謝罪を好むという日本人の傾向について王さんは、「潔さ」という文化的価値に注目している。

「潔さ」にぴったりあう言葉は中国語にはないらしく、王さんはこれを「純粋で私心がない」という意味の中国語に翻訳した。その上で、日中両国の学生たちに、謝罪する人は潔いと思うかどうかをたずねたところ、図4に見られるように、日本人は謝罪した人を潔い（純粋で私心がない）と思い、弁解や正当化した人をあまり潔いと評価しなかった。もち

［図4］ 釈明の潔さ知覚の日中比較

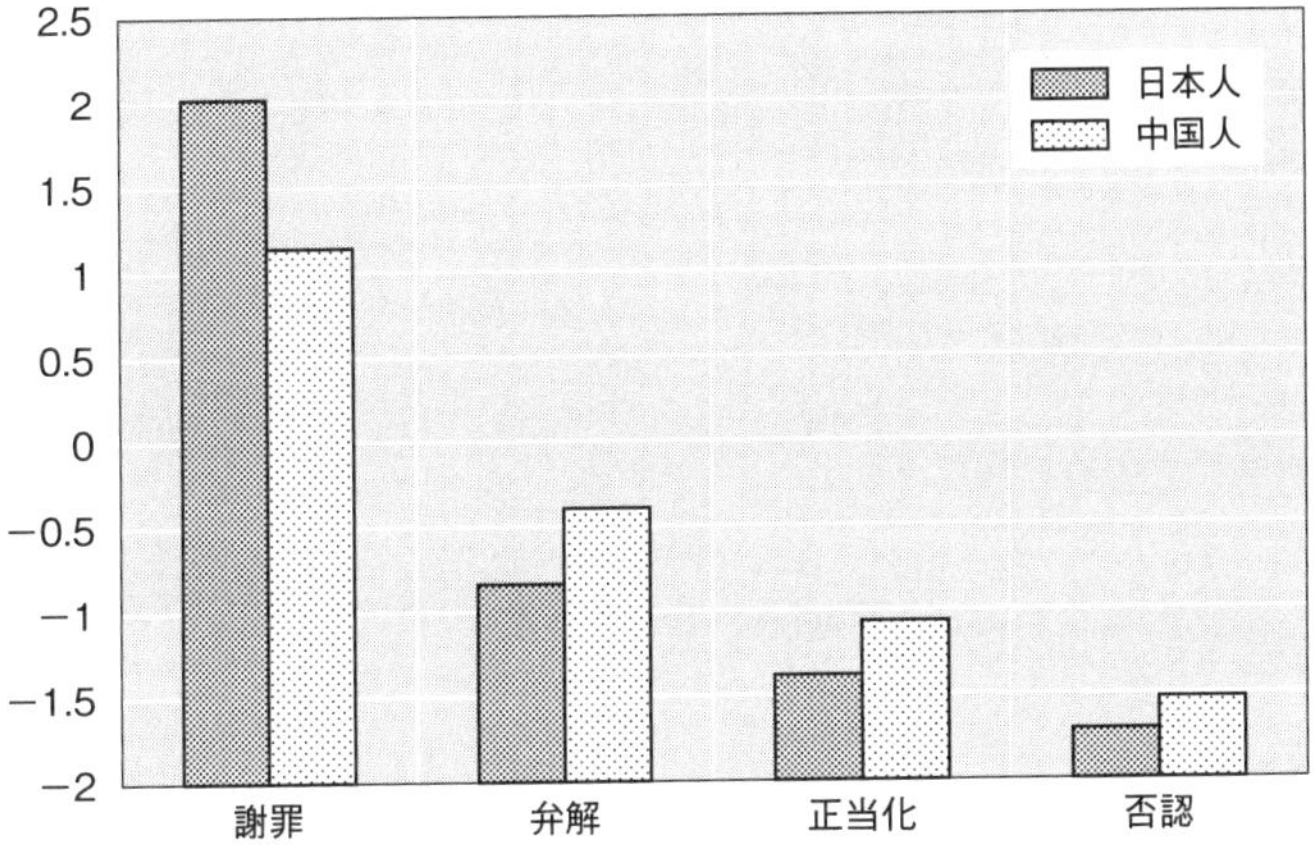

（王, 2013）

ろん、その傾向は中国人よりも強かったのである。

　謝罪を好意的に評価する際の、この「潔さ」とは、どういうものなのだろう。王さんが「純粋で私心がない」と中国語に訳したように、それは、自分に都合のいい結果を引き出そうとするような計算高い行動ではなく、「見返りを求めない」行動である。

　謝罪は時に、自分の利益を守ろうとしたり、いい人だと思われようとしたりと、何らかの思惑で行われることがある。そういう謝罪は効果を狙った戦略的なもので、「潔さ」とは対極にある。もし、あなたの謝罪がそのように受け取られるなら、状況を好転させるどころか、悪化させてしまうことさえあるであろう。

　いずれにせよ、潔さを美徳とする日本人は、思惑をもって行われる謝罪を嫌う。「潔く罪を認める」という言葉が象徴するように、謝罪という行動は、見返りを求めないことが重要なのであり、そうした行動をする人物は責任感や信念があるとみなされ、好感をもって迎えられることが多い。

　潔さの極端な例は、武士の世界でみられた切腹という儀式なのかもしれないが、日本社会で、なぜそういう観念が重視されるようになったのかについては、歴史家の考察を待つことにしよう。

2——「謝罪」とは何か

謝罪は「釈明行為」のひとつ

トラブルを起こしたときに人々が取る行動は、「**謝罪**」のほか、「**弁解**」「**正当化**」「**否認**」の4パターンがある。実は心理学では、これらは同じ「**釈明**」という行動に内包される。どれも「釈明」の1パターンなのである。

「釈明」とは広辞苑によると、「誤解や非難などに対して事情を説明して了解を求めること」である。学術的には、「**負事象**（失敗、規則違反、他者への危害）との関連が社会的に疑われるような状況下で、個人が試みる公的な言語的説明」と定義される。

簡単に言えば、何か失敗をしでかしたとき、「すみません」と謝罪したり、「電車が遅れてしまって」と弁解したりして、その事情を説明することである。なぜ釈明するのかといえば、それは、自分に対する罰やマイナスの評価を避けるためであろう。


では、釈明の4タイプについて、それぞれ見ていこう。

1つ目は「**謝罪**」である。これは釈明を代表するタイプで、第1章で述べたように、日本人が好んで多用する。しかし、謝罪は単に「すみません」と謝ることだけではない。「確かに自分のミスだ」「自分の努力が足りなかった」などと自分の非を認めることでもある。ここは重要なポイントなので覚えておいてほしい。

2つ目は、普段よく耳にし、私たちも度々口にする「**弁解**」である。自分の行動を振り返り、「いつも弁解しているな」と反省する人もいるかもしれない。これは責任を他に転嫁することで、やむを得ない事情があったと申し開きをすることである。あまりいいイメージは持たれないが、誰でも口にした経験があるはずである。

3つ目は、自分は間違ったことをしていないと主張する「**正当化**」である。歴史上有名な正当化の釈明は、古代ギリシャの哲人「ソクラテスの弁明」である。彼は、青年たちを堕落させたとして当局から告発されたが、法廷で「たとえ殺されようと自分の正しいと信じる道を行く」と言明し、死刑という刑罰をあえて受け入れたのである。なかなか難しい釈明方法だが、自分が本当に正しいと信じる場合には、堂々と正当化をする勇気も必要である。

4つ目は、自分はその悪い出来事（負事象）には関与していないと主張する**「否認」**である。マスコミでは、政治家や官僚による否認の釈明が時々見られる。

たとえば、東京へのオリンピック招致活動が山場を迎えた2013年5月、猪瀬直樹東京都知事（当時）が、国際オリンピック委員会の倫理規定に反して、ライバル都市イスタンブールについて「イスラム教国は互いにけんかしている」などと発言した問題で、猪瀬氏は「真意はそうではない」と否認している。

日中間で主張が対立している尖閣諸島領有問題に関しては、2013年6月、香港でのテレビ取材で中国の主張に理解を示すような発言をしたとして、真意を問われた鳩山由紀夫元総理が「そういう主旨の発言はしていない」と否認している。

潔さを好む日本社会では否認は疑問視される傾向があるが、一方で、やってもいないことを「自分がやりました」と虚偽自白することによって引き起こされる冤罪事件も起こっている。猪瀬氏や鳩山氏の言動の真偽は不明だが、犯罪などで全く身に覚えがなければ、きっぱり否認するなど、状況に応じた適切な釈明選択が必要であることは言うまでもない。
テレビや新聞では、毎日のように「謝罪会見」が報道される。しかし、その説明内容をよく聞いてみると、謝罪ではなく弁解や否認を行っていることも少なくない。賢明な読者はもうおわかりだと思うが、それらは正しくは「釈明会見」と呼ぶべきで、「釈明会見で謝罪した」とか「釈明会見で否認した」などと表現するほうが適切な場合もある。

事例で見る釈明の４タイプ

では次に、身近な例を挙げて、それぞれの釈明についてみていくことにしよう。

【無断欠席】

得意先の会社からクレームの電話が入った。「約束の時間が過ぎたが、おたくのA主任が現れない。そちらの都合に合わせて設定した会合なのに、どうなっているんだ」と得意先は怒っている。急いでA主任に電話をしたところ、彼は別の会社を訪問中で、「その約束は明日だったはずだ。いずれにしろ、今は別の会社で面談中なので、すぐには駆け付けられない」と言う。

やむなく得意先には、改めて面談の機会を設けてもらうようお願いし、その日の会合はキャンセルしてもらった。A主任は、こうしたことには人一倍きちんとしており、律儀という評判のある人なので、この日のスケジュール・ミスは部下たちを驚かせた。

この事例でA主任は「自分は悪くない」という正当化を行っているが、他のタイプの釈明も可能である。それぞれのパターンを考えてみよう。

謝罪……「完全に自分のミスです。明日だと思い込んでいて、ほかの約束を入れてしまいました。本当に申し訳ないことをしたと反省しています。こちらからすぐに電話を入れ、今後は絶対にこのようなことがないように注意すると、先方の部長に謝ります」

弁解……「前の面談が思いのほか長引いてしまい、これも重要な会合だったので、中座できませんでした。得意先の部長に、遅れますという電話を入れようとしたんですけど、どういうわけか繋がらなくて。結果としては、まずかったですね」

正当化……「この約束は明日だったはずです。取り次いだ人が勘違いしているのではないでしょうか。いずれ、こちらから電話して確認してみます」（あるいは、「そうですか、怒っていましたか。実は、わざとすっぽかしたんです。今後の交渉を考えての戦略ですよ」という釈明もあるかもしれない）

否認……「この件に自分は関与していません」

このうち、弁解と正当化は、時に類似した内容になることがある。弁解の発言のなかに「これも重要な会合だったので」という部分があるが、ここには、自分は正しい選択をしたという正当化のニュアンスが含まれているからである。

【製造ミス】

設計技師のBは、社の設計部門で過去3年間、最も重要な部分を担当してきた。ところが、取引先から製品に不具合があるとクレームが来たため、製造部門で確認してみると、設計図どおりに製造は行われており、この段階でミスは見られなかった。

そこで、設計段階のミスという可能性が出てきたが、Bは「設計図は取引先の仕様書どおりに作成したもので、不具合があるとすれば、相手の仕様書のほうだ」と主張した。Bの設計能力に関しては、これまで高い信頼が置かれており、社内にはその主張を支持する者も多い。

これは設計ミスが疑われたもので、技師Bは、やはり自分のせいではないという正当化を行っているが、他の釈明タイプについても例を挙げてみよう。

謝罪……「私の設計ミスだと思います。本当に申し訳ありません。すぐに設計し直します、と相手先に伝えてください。今後は絶対に、このようなことがないよう注意します」

弁解……「確かに設計ミスのようで、迷惑をかけてしまいました。でも、仕様書がわかりにくかったし、与えられた時間も短くて、十分にチェックできませんでした。今回のミスはそのせいだと思います」

正当化……「この設計は取引先の仕様書どおりに作成したもので、不具合があったとすれば、相手の仕様書に問題があるのだと思います」

否認……「この設計は自分が担当したものではないから、事情はわかりません」（否認では、このように自分の関与を否定することが多い）

釈明タイプを区別する基本3要素

これら釈明の4タイプは、**①負事象への関与、②行為の不当性、③行為に対する責任**という3つの要素によって区別される。

1つ目の要素である「負事象への関与」は、そのトラブルに、自分が何らかの形で関わったのかどうかが問題になる。この段階で、自分に関わりがないと主張することが否認である。

有名タレントが息子の逮捕を理由にテレビ出演を自粛した件について、「30歳を過ぎた子どもの行為にまで親が責任を取るべきか」という疑問の声があった一方で、出演自粛を当然視する声も強かった。いずれにしても、何らかの関与があると認められれば、次の要素である「行為の不当性」に判断がゆだねられる。

2つ目の「行為の不当性」とは、自分の行為が間違った行為だった、良くない行為であったと認めるかどうかである。間違ってはいない、悪い行為ではないと正当化するには、「規則に従っただけだ」などの根拠を挙げるか、「誰も困っていない」と被害を最小化する方法が用いられる。

「関与」と「不当性」の2つを認めれば、残る釈明は謝罪か弁解である。そこで登場するのが、3つ目の要素である「行為に対する責任」である。これは、自分に責任があると認

[図５] 釈明タイプとこれらを区別する基本３要素

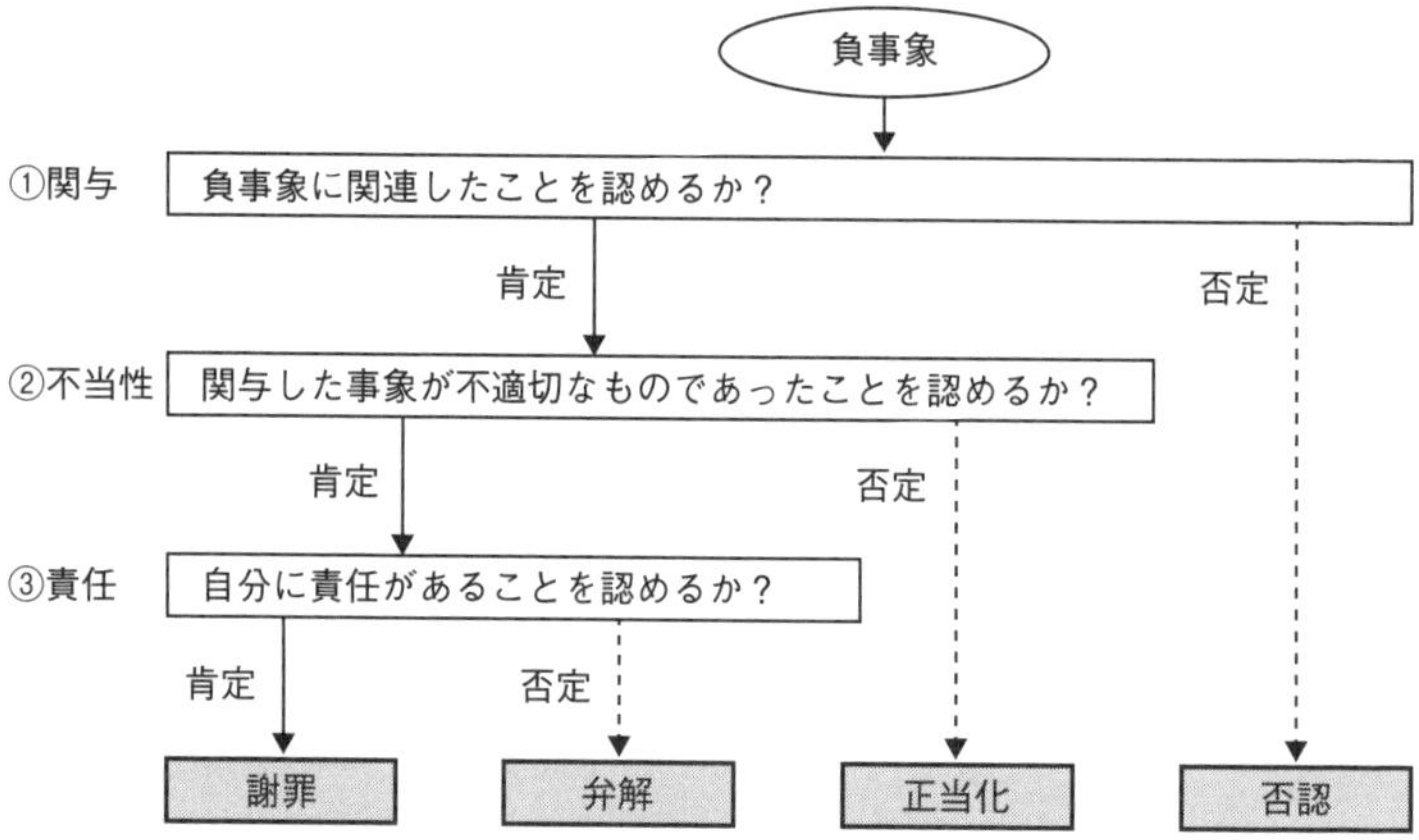

（大渕，2010a）

めるかどうかという判断基準で、もし、責任がないと思う、あるいは、責任を取る必要はないと思うなら弁解をし、責任を認めるのであれば謝罪することになる。

図5に示すように、釈明行為は、「関与」「不当性」「責任」の基本3要素の認否によって区別されるが、実際の言葉による表現はさらに他の要素が追加され、もっと複雑になる。それは、「心から悪いことをしたと思っています」という罪悪感や悔恨の表現、「気の毒に思います」など被害を受けた人に対する同情や労り、「償いはさせていただきます」という賠償の申し出、「二度とこんなことはしません」という反省と行動の改善、そして、「どうか許してください」と許しを求める発言などである。そうした関係と、それぞれに対応する釈明の言葉をまとめたのが、次のページの表1である。

表1に挙げたように、釈明にかかわる表現はさまざまあるが、もし何も言わない場合は、どうなるのか。基本的には黙っていると、否定していると受け取られることが多い。たとえば責任に言及しないと、責任を否定している、少なくとも受け入れているとはみなされない。

一方で、言及しなくても、一部を肯定すれば、ほかの要素も肯定したとみなされることがある。たとえば、責任を認めて謝罪すれば、当然、その問題に関与したことや、その行

［表１］釈明の言語要素

釈明の構成要素	肯定する表現例	否定する表現例
負事象への関与	「確かに、私の担当です」 「私がしたことです」	「私の担当ではありません」 「私は関係ありません」
行為の不当性	「不注意でした」「対応が適切ではありませんでした」	「規則通りにやったまでです」 「これが一番良いと思いました」
責任	「私の責任です」「私のせいです」	「私のせいではありません」 「私の責任ではありません」
悔恨	「申し訳ないことをしました」 「すみませんでした」	「悪いことをしたとは思っていません」
被害者への労り	「気の毒に思います」	「気の毒だとは思いません」
賠償の申し出	「償いをさせていただきます」	「賠償する気はありません」
将来の誓い	「これからは気をつけます」 「これから心を改めます」	「やり方を変える気はありません」
許しを求める	「許してください」 「勘弁してください」	「許しを求めるつもりはありません」

（大渕，2010）

為の不当性などについても認めたことになる。何をどう言えば、どう思われるのか。その関係は複雑である。

言葉による釈明は、これらの要素のうちのいくつかを組み合わせて用いられることになる。本来なら関与も不当性も責任も、すべて認めて謝れば真の謝罪になるのだが、実際の謝罪表現では、そのいくつかが脱落したりする。

たとえば、表の「悔恨」のなかにある「すみませんでした」を言うだけで謝罪を終わらせる人もいるであろう。

「悔恨」とは広辞苑によると、「後悔して残念に思うこと」である。「残念だった」と言うだけで、「気の毒に思います」と相手を気遣ったり、「もう二度としません」と行動改善を誓ったりするわけでもない。遅刻をしたなど被害が軽い場合には、こうした安直な謝罪でも受け入れられるであろうが、深刻な被害の場合には、おおかたの人がそれでは納得しないであろう。

一般的には、労りや反省など多くの要素を含む謝罪ほど丁寧で、気持ちがこもっているとみなされ、被害者にも受け入れてもらいやすい。問題が大きければ大きいほど、「これは私の担当でしたから、間違いなく私の責任です。本当に申し訳ありませんでした。今後は十分に気をつけます」など複数の要素（関与、責任受容、悔恨、将来の誓い）を加えた丁寧な謝罪が求められる。

要素の組み合わせは、ほかの釈明にも見られる。たとえば、「こうした結果になったことは気の毒だとは思いますが、やむを得ない事情があったことはわかっていただきたいと思います」という弁解では、労りを込めながらも、責任を否定している。

また、「確かに私のやったことですが、会社の規則どおりに対処しただけです」という正当化では、関与を認めながらも、規則に従っただけだと、行為の不当性を否定している。

少々、面倒な話にはなったが、こうした釈明行為の違いがわかれば、実際に釈明をする必要があるとき、不適切な釈明によって相手の怒りを買うといったことを避けることができる。

弁解や正当化は日本では反発を招きやすいものだが、だからといって、必要以上に責任を受け入れる必要はない。弁解や正当化をするときには、状況を客観的に判断して正しい言葉を選び、より丁寧な釈明を心がけることによって、相手の怒りを和らげ、理解を得る努力をすべきであろう。

責任を認めるか、責任を回避するか

以前、スイスに本社のある外資系企業が日本国内のマンションに設置したエレベーターで人身事故を起こしたことがある。

当時の経営陣は、当初、事故原因が明らかになっていないと自社の責任を否定したが、世論の強い非難を受けて、一転して謝罪した。欧米では補償金額にもかかわるため、責任の所在が明らかになるまで謝罪しない場合があるが、日本ではそうしたやり方は受け入れられない。

では、釈明する側からすると、謝罪をすべきかどうかの釈明選択をする際に、何が決め手になるのであろうか。

私たちはある研究で、実験参加者に主人公が人に迷惑をかけるエピソードを読ませ、自分が加害者だったら、どんな釈明をするかを考えさせた。その際、釈明タイプをひとつとは限定しなかったので、複数のタイプを併用する人も多く見受けられた。

彼らの回答から、どの釈明タイプが併用されやすいかを分析したところ、「弁解」と「正当化」が一緒に用いられるケースが多く、「謝罪」が「弁解」や「正当化」と併用されることは少なかった。

謝罪する側からすると、謝罪とその他の釈明との間には、明確な性質の違いがある。それは、「責任を受容するかどうか」である。つまり、引き起こしたトラブルの責任を認めるかどうかが、釈明タイプを選択する決定的な要素となる。

なぜなのかは、もうおわかりだろう。自動車事故などを起こし、それに責任があるとみなされると、さまざまな不利益が生じる。物損がある場合には賠償責任が生じるし、仕事上のミスであれば社内での評価が下がり、給料やボーナスに影響することだってある。有能であるとか几帳面であるとか、自分がそれまで維持してきた好ましい人物像に傷が付き、他の人たちからの信頼が揺らぐことにもなりかねない。

こうした種々の不利益があることから、もしも責任が回避できるのであればそうしたい、と誰もが思うであろう。そこで、他に責任を転嫁する弁解や、自分は悪くないと主張する正当化などの責任否定的な釈明が行われることになる。

謝罪好きといわれる日本人社会の中にあっても、弁解や正当化が通用しないわけではない。状況からみて、そのどちらかが妥当なものとして人々に受け入れられると判断できるのであれば、弁解や正当化をすればいい。

しかし、責任を否定する釈明にはリスクもある。それが他の人たちから受け入れられないときには、人物像への悪影響など、マイナスが回避されないどころか倍加する事態さえ起こり得る。

たとえば、弁解を聞いた人たちの間で「卑怯だ」とか「無責任だ」とか批判が起こったり、正当化したことで「図々しい」などと反発を招くこともある。エレベーター事故の事例が、まさにそうだった。事故によって傷ついた評価は、釈明のミスでさらにマイナスになり、信頼の失墜が決定的になった。

その上、被害者は不快感から、賠償額を上乗せするということもあるかもしれない。たとえそれが人命を失うような大事故でなかったとしても、大目に見ようという寛容さは失われるであろう。

そういうリスクが大きいと判断される場合には、素直に謝ってしまったほうがいいであろう。謝罪すると、確かに「有能」や「几帳面」といった人物評価は低下する。しかし、その一方で、謝罪は「正直だ」とか「責任感がある」といった好意的な評価を引き出す可能性もある。そうなれば、問題を起こしたことで危機に瀕していた人物像が持ち直し、信頼の失墜を避けることができるかもしれない。

ここまでの論点をまとめると、次のようになる。

①引き起こしたマイナスの事象に対して責任があるとみなされると不利益が生じる。
②これを避けようとして責任を否定するような釈明をし、それが失敗すると、不利益は一層増大する。
③責任を自ら認める謝罪は、一見不利益を増加させるが、汚名を返上できる可能性もある。

釈明を行おうとする人は、謝罪という「責任を受け入れる釈明」をするか、正当化などの「責任を否定する釈明」をするか、それぞれのリスクとメリットとを秤《はかり》にかけて冷静に判断し、メリットが高い、あるいはリスクが低いと思われるほうの釈明を選択すればいい。

このように、被害者も加害者も損得だけに基づいた合理的な判断をするのであれば、釈明の選択方法は簡単である。ところが現実には、関与が疑われるとあわてて反応し、疑念を抱かれるような稚拙な弁解をしてしまったり、不快感を与えるような正当化をしてしまったりしがちである。そこに至る心理的要因は複雑で、自分自身でコントロールすることはなかなか難しい。

これまで説明してきたとおり、釈明する際には、責任を認めるという要素が決定的に重要になるのだが、釈明を受ける側に立ってみると、必ずしも責任が重視されるわけでもない。

自動車事故など市民同士のトラブルを事例に、アメリカ人を対象に行ったある研究では、被害者は加害者の釈明を聞く際、賠償の申し出があるかどうかに最も注目する、という結果がみられた。「お金さえ払ってくれたら、謝罪の言葉なんか要らない」という欧米人らしいドライな見方である。

一方、日本人の被害者は、加害者が悔恨や労りを表現するかどうかを重視する、という研究結果がある。日本人は、心情的なものをとても大切にする。だから日本では、賠償額はともかく（少なくていいというわけではないが）、まずは謝罪することが重要になる。

実利という点からすると、欧米人のほうが合理的である。だから、エレベーター事故の際に当時の経営陣がとった釈明の仕方は理解できるものの、日本では心情的なものが重視されるため、事態は複雑になりがちである。

一般的には謝罪が優先される

人々の釈明傾向を調べるために、いろいろな国で研究が行われてきた。私たちが1996年に日本人を対象に行った研究では、仕事上のトラブルだけでなく、市民生活に関わる種々のトラブルを取り上げている。

その研究では、日本の大学生169人に、主人公が他人に被害を与える状況を示した4つのエピソードを読ませた。内容は次のようなものである。

「混んでいるカフェテリアでコーヒーを人にかけてしまった」
「自転車に乗っていて車に接触した」

［図6］日本人の釈明選択

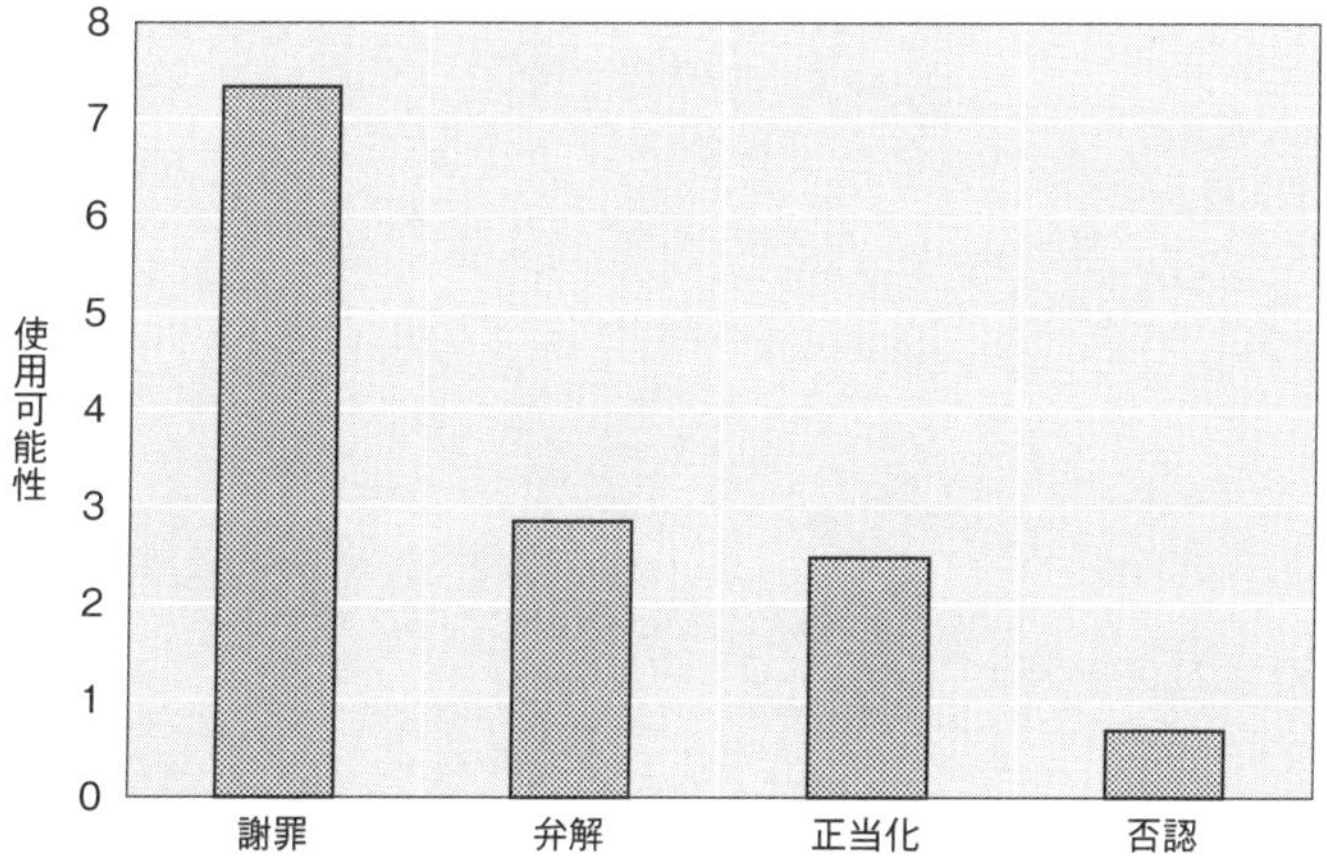

（Itoi et al., 1996）

「人に間違ったアドバイスをして迷惑をかけた」
「自分の仕事の能率が悪くて同僚に迷惑をかけた」

学生たちに「自分がもしこの主人公の立場だったら、どう釈明しますか？」と聞き、謝罪、弁解、正当化、否認のそれぞれを、どれくらい使用すると思うかをたずねた。

その結果が図6だが、これを見るとやはり、謝罪を選択する人が圧倒的に多かった。弁解や正当化を用いる人の割合は、謝罪を選択した人の約3分の1で、否認にいたっては10分の1程度しかいなかった。

この研究で用いられたエピソードでは、主人公は、どの場合も、わざと人に被害を与えようとしたものではなく、不注意あるいは努力不足で、そのような結果になったと仮定されている。故意に行ったのではない、という被害状況のために謝罪が多くなった可能性はある。

とはいえ、日本人の謝罪好きが、ここでも立証されたといっていいであろう。否認は極めて少なかったが、これは、自分のしでかした行為を認めるという日本人の潔さや真面目さの一面を表しているのかもしれない。

誤解を与えないように付け加えておくが、別のタイプの研究でも、さらに、日本人以外を対象にした研究でも、やはり謝罪優先の傾向は明らかにされており、マイナスの事象との関与が疑われた状況では、どの民族、どの文化でも、一般的に謝罪が優先される傾向が強いと考えられる。

人はどのように釈明方法を選ぶのか

次に、私たちが研究で用いてきた釈明選択モデル（図7）に基づいて、釈明者の心理を、さらに詳しく分析してみることにしよう。

問題を起こした当事者が釈明を行う場合、その背後には、次のような心理的要因がある。

①自己利益
②自律的人物像
③協調的人物像

[図7] 釈明選択モデル

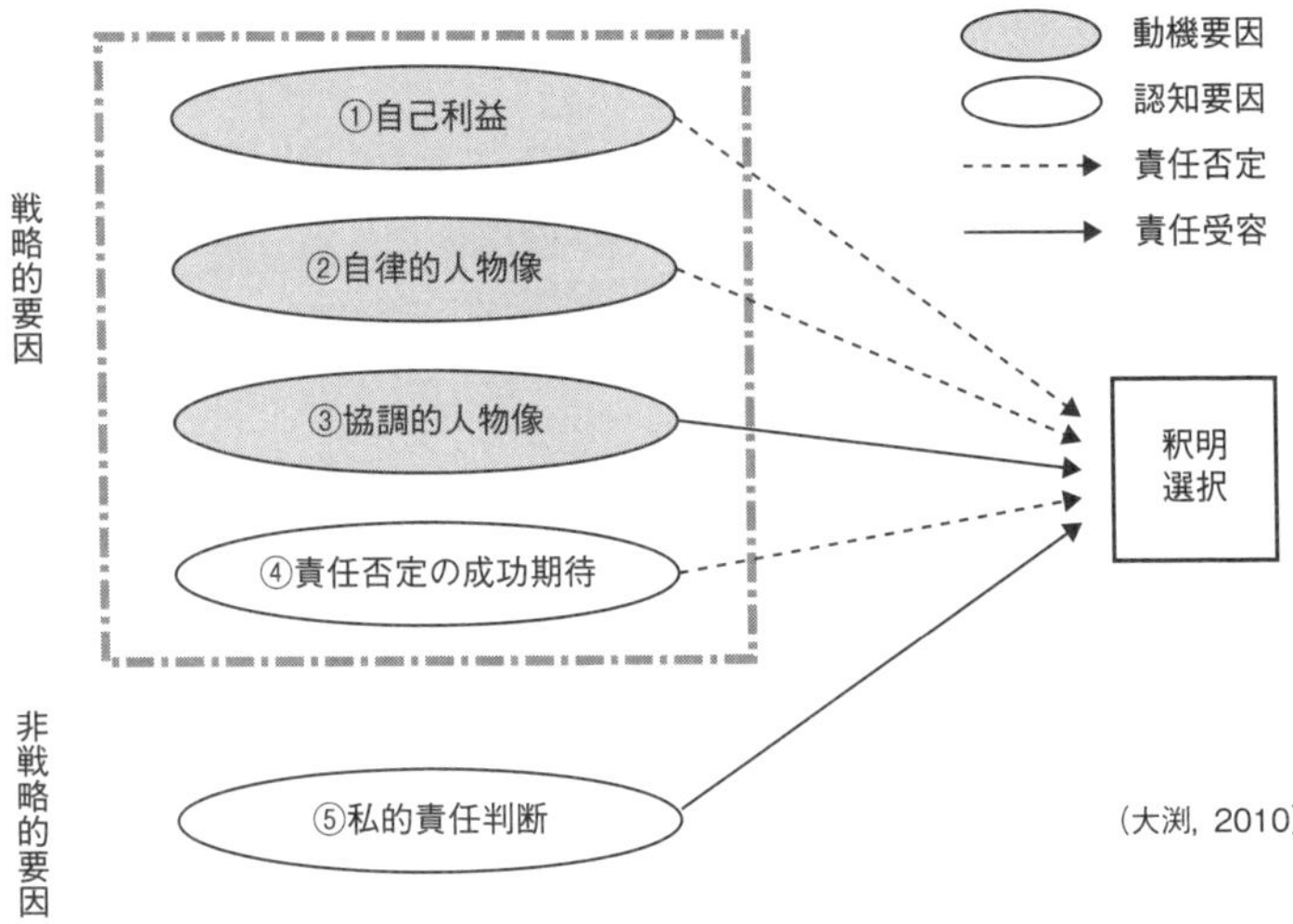

(大渕, 2010)

④責任否定の成功期待
⑤私的責任判断

①の「自己利益」とは、自分が不利益を受けないようにすること。②の「自律的人物像」とは、有能な人物としての評判を維持しようとすること。③の「協調的人物像」とは、誠実で協調的という評判を維持しようとすること。これらは、どの釈明タイプを選択するかを決める「動機要因」であり、何らかの効用を期待したものなので「戦略的要因」である。

④の「責任否定の成功期待」は、責任否定的な釈明が通用するかどうかの判断である。一般的には、責任回避が成功しそうだと判断すれば弁解、正当化、否認などの釈明をとり、成功の見通しが低ければ謝罪という選択をする。つまり、自己利益というメリットとリスクとを秤にかける「戦略的要因」であり、同時に、その成功の見通しを査定する作業なので、「認知要因」とも呼ばれる。

自分に責任があるかどうかを判断する⑤の「私的責任判断」も「認知要因」のひとつである。たとえば、本当に自分に責任があると思った人は、人から良く思われようといった思惑なしに、純粋な罪の気持ちから謝罪をするであろう。また、自分には責任はないと心から信じている人は、ソクラテスのように、やはり人からどう思われるかなどに左右されることなく、信念に従って正当化するであろう。従って、自分に責任があると思うかどうかを表す「認知要因」であるものの、損得勘定抜きに特定の釈明に向かわせることから「非戦略的要因」でもある。

こうして人々は、自分の利益を守ったり、人物イメージの低下を避けたりするために、戦略的な観点から弁解や正当化を行うこともあれば、自分の責任を強く感じて不利益を覚悟で戦略的な思惑など関係なく、潔く謝罪をする人もいる。あるいは、自分には責任がないと心から信じて正当化や否認を貫く人もいるであろう。

どれが良い悪いというのではない。人は釈明をする際、半ば無意識のうちに、こうした判断と意思決定を心の中で行っているのである。

謝罪するかしないかは、性格によっても異なる

どのような釈明を選択するかは、自らが望む人物像によっても異なる。人々が考える好ましい人物像にはさまざまなタイプがあるが、大まかに分ければ、前節で挙げた②自律的人物像と③協調的人物像とになる。

「自律的人物像」とは、有能さ、優れた判断力、独立心などを特徴とするヒーロー（指導者）タイプの人物像である。仕事上の失敗やミスは、こうした人物像に致命的なダメージを与えかねないので、このタイプの人物像を大切にし、維持しようと強く思う人は、責任否定の釈明を選択する傾向がある。

一方、「協調的人物像」は、温和、親切、誠実などを特徴とする和を尊ぶタイプの人物像である。このタイプの人物像を好む人たちは、仕事で有能とみられるよりも、他の人たちから好かれ、仲間として受け入れられることに関心があり、他の人たちから怒りや敵意を向けられることを避けようとする。

そのため、対立を激化する危険のある正当化や、他の人たちから非難を受ける恐れのある弁解などの責任否定的な釈明は避けようとし、その結果、謝罪を選ぶ傾向が強くなる。詳しくは第6章で説明しよう。

心から詫びる「謝罪」と、確信を持って主張する「正当化」

多くの人が釈明の場で、目的や狙いを持った戦略的釈明を行うが、そうではない人もいる。申し訳ないという気持ちだけで、ひたすら頭を下げる謝罪、あるいは、絶対に自分は悪くないと強い確信を持って主張する正当化などもある。これらは非戦略的行為であり、**「真正の釈明」**とも呼ばれる。

真正の釈明を行う人は、他人からどう思われるかとか、損か得かということは念頭になく、自分の内側からわき上がる純粋な思い（罪悪感や正義感）に突き動かされている。

こうした内発的な釈明を促す心理要因は、自分がその問題に対して責任がある、あるいは、ないという本人の判断であり、それが前にも説明した「私的責任判断」である。負事象への関与が疑われた場合、「責任がある」と思った人は謝罪し、「責任がない」と思った人は正当化や否認を行う。

私的責任判断には、しばしば強い感情がともなう。責任があると判断すると、「申し訳なかった」という悔恨の気持ちや罪悪感が生まれる。これこそが謝罪における最も重要な要素であると主張する研究者もいるが、それは、責任を認めて悔恨の情を示すことが「真正の謝罪」の特徴だからである。

一方、責任がないという強い確信には、しばしば義憤の感情がともなう。それは、何ら恥じることのない自分が周囲から疑惑の目で見られているという「冤罪」に対する憤りである。これは真正の正当化あるいは真正の否認の特徴である。

このように非戦略的要因である「私的責任判断」では、効用やコストの計算などの思惑とは無縁で、当人自身が自分の責任についてどう考えているか、それが重要な役割を果たす。

しかし、戦略的な釈明をする人でも、義憤や悔恨など非戦略的な気持ちを持っていることがある。また、やむにやまれぬ気持ちから真正の釈明をしながらも、心のどこかで「許してもらえないだろうか」という戦略的期待を持っている場合も多く、こうしたときの人の心情は複雑である。

私たちの研究によると、釈明は多くの場合、戦略的側面と非戦略的側面をあわせ持っている。謝罪を選んだ人たちに、その理由を詳しく聞いたところ、「相手からよく思われたかった」という戦略的動機だけで行われた謝罪は10％程度に過ぎなかった。

一方で、「自分が悪かったから」という私的責任判断だけで行われた謝罪、つまり純粋の非戦略的謝罪も30％程度だった。残り半分以上の謝罪は、戦略面と非戦略面をあわせ持っていたのである。この研究では謝罪以外は調べていないが、おそらく、他のタイプの釈明も、多かれ少なかれ両方の心理面をあわせ持っていると思われる。

先に挙げた釈明選択モデル（図7）にある5つの心理的要因の中で、釈明のタイプを選ぶ際に最も影響力が大きいのが、この「私的責任判断」であり、二番目は「責任否定の成功期待」である。

つまり、「私的責任判断」のような、責任感や正義感のもとに行われる非戦略的な釈明の場合、人は責任を認めれば謝罪するし、関与していなければ責任を認めず正当化や否認を行う。

しかし、その一方で、釈明を他の人たちがどう受け止めるだろうかと予測し、それに基づいて行われる「責任否定の成功期待」という判断もある。これが強いと、責任否定、即ち、弁解や正当化、否認などが戦略的に選ばれる。

こうした気持ちの持ち方によって、釈明会見の場で、ある人は責任を回避しようと試み、別の人は謝罪しながら正当化したり、弁解しながら謝罪したりということになる。

やむを得ない酌量事情があるかどうかを検討する

釈明を行う側にとっても釈明を受ける側にとっても、やむを得ない酌量すべき事情があるかどうかも重要な判断基準になる。

酌量事情とは「急病のため、会合に出られなかった」「設計図の不備のため、製造部品に不具合が生じた」などのケースにみられる「急病」とか「設計図の不備」のことで、それは、本人の力ではコントロールできない、やむを得ない事情であり、そうした状況下では、不祥事に関与したとしても、その責任は小さいとみなされる。

もし酌量事情があって責任が小さいとみなされれば、自分の責任をあまり感じないですむので、「私的責任判断」は弱まる。一方で、許される可能性が高いことから、責任をとらなくていいかもしれないという期待（責任否定の成功期待）が強まるであろう。そうなれば当然、弁解や正当化などの責任否定的な釈明が選択されることになる。反対に、酌量

［図８］酌量事情と釈明選択

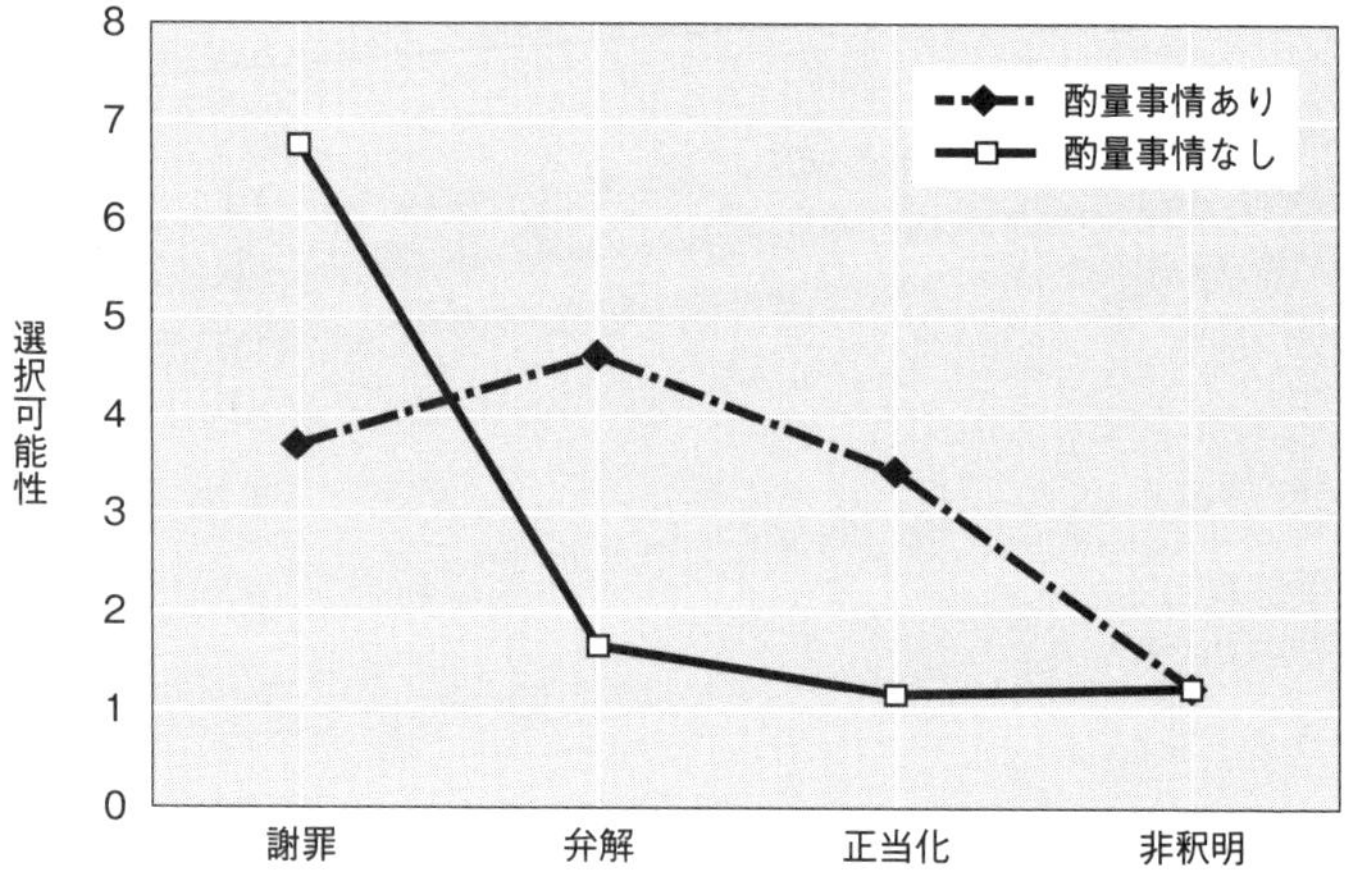

（大渕，2010a）

事情がなければ、責任を肯定する謝罪が選択されやすくなる。

寝過ごして会社や学校に遅刻してしまったとき、「電車が遅れてしまって」などと酌量事情を持ち出したことはないであろうか。嘘を言うことが良いか悪いかは別にして、誰でもこうした酌量事情の効用を知っている。

私たちの研究でも、酌量事情が存在するときは、弁解や正当化が、謝罪と同じ程度、あるいは、謝罪よりも多く用いられるという結果が得られた。この図8に見られるように、酌量事情がある場合には謝罪優先の傾向は消滅してしまったのである。

反対に、酌量事情が存在しないときは顕著な謝罪優位となり、責任否定的な釈明は、ほとんど用いられることがなかった。

しかし、だからといって、酌量事情を自分に都合良く解釈して正当化や否認などの責任否定的な釈明をした場合、それが受け入れられることはないであろう。

たとえば、会社に遅刻して「寝過ごした」ことを酌量事情にして弁解したら、上司から叱られるのは間違いないであろう。叱られるだけですめばいいが、「こいつは何を考えているんだ」などと人格まで疑われてしまうことになりかねない。

反対に、重要な酌量事情を見落として謝罪してしまうと、必要以上に責任を背負い込む結果となる。この場合の信頼性の回復は、かなり難しくなるであろう。一旦、責任を認めてしまえば、あとから「あれは思い違いでした」と言っても、よほど明確な証拠がないと、他の人たちの不信感を解消するのは難しい。

明らかに責任があると認めざるを得ないとき、あるいは、まったく自分には責任がないことが明白なとき、そうした場合の釈明選択は単純明快だが、多少なりとも曖昧さがある場合には、謝罪するにしても、正当化するにしても、じっくりと考えて釈明選択をする必要がある。あとで、「あの釈明は取り消す」と言っても、説明を変えるという行為自体が不信感を強め、むしろその人物に対する疑念を深めることになりかねないからである。

3――なぜ日本人は「謝罪」が好きなのか

頻繁に開かれる釈明会見

いつの頃からか、日本では謝罪会見がマスコミを賑わすようになった。かく言う私が勤める大学でも、入試ミスや教職員の不祥事、学生の事件などで、責任者が毎年のようにテレビや新聞の記者を集めて謝罪会見を開いている。学校、役所、企業など各団体の責任者たちは、常に謝罪会見を開く心の準備をしている、といっても過言ではないであろう。

そこで、過去に新聞やテレビで注目された謝罪会見（実際には釈明会見）を取り上げ、その内容を検証してみることにする。

【甲子園大会出場を辞退】

Ａ学院は、出場選手が占有離脱物（遺失物）横領容疑で県警の事情聴取を受けたほか、部員３人による原付バイクの無免許運転が発覚したため、校長は記者会見を開いて、「誠に申し訳ありません。二度とこのようなことが起きないよう指導を徹底します」と謝罪し、全国高校野球選手権記念大会への出場辞退を表明した。（朝日新聞２０１３年６月28日付の記事を、筆者が一部変更）

【株主から不満噴出】

大手電機メーカーＢは、株主総会において、２年連続巨額赤字を計上した責任を取って社長と会長が退任し、体制を一新して再建に臨む姿勢を示した。経営陣は株主に損害を与えたことに対して謝罪したあと、「業容の拡大で会社におごりがあった。経営理念以外はすべて変える覚悟だ」と再建への決意を述べたが、株主からは「責任の取り方が甘い」と批判が相次いだ。（朝日新聞２０１３年６月26日付、同前）

これらの会見では、関係者に謝罪するなかで自分たちの非を認め、問題を改善する決意を述べているが、電機メーカーの例のように、受け手が、その謝罪を十分なものと認めないこともある。

その場合には、せっかく謝罪をしても意味がないように思われるかもしれないが、まったく意味がなかったわけでもない。謝罪をしなかった場合に比べれば、謝罪によって関係者の不満は多少なりとも軽減され、問題解決に向けた動きが始まるからである。

実際、このメーカーの例でも、謝罪したことで、過去の不始末については一応のけじめがついたとみなされ、その後の再建計画が実行に移されようとしている。ということは、謝罪が一定の効果をもたらした、ということを意味する。

一方で、謝罪会見とは言いながら、よく話を聞いてみると、これは謝罪なのだろうかと首をかしげることもある。たとえば、次のようなものである。

【プロ野球統一球問題】

プロ野球で使われている統一球が公表されないまま昨季より飛ぶように調整されてい

た問題で、プロ野球を統括する日本野球機構（NPB）のコミッショナーは記者会見で「影響を被った選手、ファンのみなさんにお詫びを申し上げたい」と謝罪したが、同時に「自分はそのことを知らされていなかった」と釈明した。（読売新聞2013年6月13日付、同前）

【給食誤飲事故】

小学校の特別支援学級の男児が給食中にプラムの種を喉に詰まらせて死亡した。記者会見した校長は「痛ましい事故が起き、ご両親に大変申し訳なく思う」と陳謝したが、この際、「担任が種はのみ込まずに出すよう注意した直後だった。異変に気付いた担任が口に手を入れ吐かせようとするなど緊急措置を施した」など、学校側の対応を説明した。（朝日新聞2013年6月28日付、同前）

これら2つの謝罪会見を見ると、統一球問題ではコミッショナーが関係者に対してお詫びをしているが、「自分は知らなかった」と責任回避の発言をしている。誤飲事故でも、保護者の悲しみに対する配慮が示されているが、同時に学校側としては、事前の注意、事後の対応など、できるだけのことはしたという主張もしている。そういう意味では、これらの例は完全な謝罪とは言い切れない。

完全な謝罪とは、「責任受容（責任を認める）」と「悔恨表明（行為を悔やむ）」の両方を含むものをいうが、その観点からすれば、そのどちらかが欠けたものは謝罪として不完全で、似て非なるもの、**「擬似謝罪」**といえる。

たとえば、児童の誤飲事故を起こした学校長は、両親に対して「申し訳ない」と述べ、こうした事態を避けられなかったことを残念に思うという悔恨の表明をしているが、一方では、自分たちの対応が間違っていなかったという主張もしており、責任を認めた発言とは思われない。

責任問題は感情とは切り離して検討されるべきだから、この校長の発言が一概に不適切とはいえず、むしろ、組織の長としては理に適った慎重な発言だったといえるであろう。ただし、責任を認めるという中核要素が欠けていることから、完全な謝罪とはいえない。

プロ野球コミッショナーの会見も、擬似謝罪の典型である。「お詫びを申し上げたい」と悔恨表明と受け取れる発言をしているが、「自分は知らされていなかった」と責任を否定しているからである。

校長の発言もコミッショナーの発言も、いずれも、自分たちの責任を明瞭に認めてはいない点で不完全であり、反発を感じる人も少なからずいるであろう。なお、校長が試みているように、自分たちの正しさを主張するのは「正当化」であり、コミッショナーの発言に見られるように、責任を他に転嫁するのは「弁解」である。

一方、責任を認めたとしても、行為を反省する悔恨表明がない場合は、やはり完全な謝罪とはならない。殺人事件の犯人のなかには、時々、事件に対する責任を認めながらも、「自分は後悔していない」と悔恨を否定する者がいる。その理由はさまざまだろうが、こうした犯人から「被害者の方に申し訳ない」といった本当の意味での謝罪を引き出すことは難しい。

責任が自分や組織にあると認め（責任受容）、申し訳ないと思うと言いながら頭を下げる（悔恨表明）、その2点があれば、他の要素が必ずしも伴わなくても、一応は謝罪していることが相手に伝わる。

とはいえ、盛り込まれる要素が多ければ多いほど謝罪は丁寧になり、心からのものであると好意的に受け取られる可能性が高まることは言うまでもない。

日本人は対人関係を重視して、日常的に謝罪する

日本人の謝罪傾向の強さは、1章と2章で論じたように、人間関係を重視することが主な理由である。

日本人は一般に、他の人たちからの信頼を裏切らないようにしたいと普段から考えている。他の人たちとの協力関係を維持したいと望んでいるから、何かを頼まれれば、自分の都合を無視してまで、その期待に応えようとする。

日本人が人間関係を重視する傾向は、職場でも際立っている。日本の企業では、職場の同僚から頼まれれば、自分の仕事でなくても可能な範囲で手伝おうとする。同僚が席にいないときに電話がかかってくれば代わって受け、知っている範囲で対処してくれることだってある。

実際、欧米諸国の企業人と比較すると、日本企業の社員たちは、職場で人間関係を重視する行動が多いと報告されている。

あまり付き合いのない他部署の人から頼まれたのであれば、「それは自分の仕事ではな

い」と断ることもできるが、同じ部署で毎日隣り合って仕事をしている同士では、そうはいかないと感じる。仮に断るときでも「嫌だ」とは言わず、何か適当な口実をあげようとするであろう。

日本人社員の間では、協力し合うのが暗黙のルールであり、それをしないドライな社員は、「わがままだ」とか「自己中心的だ」などと否定的な見方をされがちである。

しかし、人間関係を重視する気持ちは日本人に限らず、どの国の人にもある。人々が集団で暮らし、チームで仕事をする以上、お互いに助け合ったり、協力し合ったりすることは必要不可欠だからである。違いを挙げるとすれば、程度の差ぐらいであろう。

人間関係を重視しすぎると、個人的な利益を犠牲にしてしまうことがある。たとえば、同僚の仕事を手伝っていると自分の仕事がおろそかになり、その分遅くまで働いたり、忙しい思いをしたりしなければならなくなる。

職場に限らず、周囲の事情を優先していると、自分の都合を後回しにせざるを得なくなるし、人に譲ってばかりいると、自分が当然受けるべき利益を放棄することにもなる。人間関係を重視することは、しばしば自己利益と矛盾することになるのである。だから、自己利益を優先する人は、他人のために自分の時間を使ったり、自分の都合を後回しにしたりすることを避けようとする。

しかし、人間関係重視と自己利益は必ずしも相反するものではない。人間関係重視の背後には、親切心とともに自分の利益を守ろうとする功利的な関心もはたらいているからである。

真の親切心とは純粋に利他的なもので、同僚が困っている様子を見て「気の毒だ」「放っておけない」という気持ちから手を貸すような行為を言うのだが、実際には、こうした援助が、常に純粋な利他心だけで行われているわけではない。当人が意識しているかどうかは別にして、多少なりとも功利的関心がはたらいている場合が大半である。

たとえば、将来、自分が助けてもらうことがあるかもしれないから、普段から協力関係を築いておこうと考える。そうした思いを持つのは職場だけでなく、学校でも地域でも同じであろう。人間関係を重視する行動を功利的な面からみれば、将来の非常時に備える保険のようなものである。

関係保険ともいえるこうした行動は、心配性である日本人の心理をよく反映している。

日本人は心配性で、仲間はずれを恐れる

日本人は心配性で、他の人から受け入れてもらいたいという「受容欲求」が特に強い。仕事上のトラブルに遭遇した場面でも、多くの人は自分を協調的な人物に見せようとし、自己主張を抑え、謝罪という釈明を選択する。日本人は、自分が加害者側になれば謝罪し、被害者側になれば謝罪を期待するのである。

トラブルの関係者が皆、謝罪を軸に解決を図ろうとするのが、日本人の典型的な問題対処のスタイルといえるであろう。

日本人が心配性であることは、いろいろなデータにも表れている。たとえば日本は、先進諸国、あるいはアジアの近隣諸国と比較して、最も犯罪の少ない国だが、犯罪不安の最も強い国のひとつである。こんなに犯罪の少ない安全な国に住んでいながら、なぜ日本人は犯罪に巻き込まれることを心配するのだろうかと、外国から来た人たちが不思議がるくらいである。

日本人の心配性は経済行動にも表れている。将来が不安なので貯蓄しようとする傾向が

強く、せっせと貯金する。貯蓄の仕方にも日本人らしい特徴がある。日本人の貯蓄の大半は安全性の高い預貯金に向けられ、利回りが高くてもリスクのある金融商品に投資しようとする人は少ない。

アメリカ人ではその比率が逆転する。日本人の多くは一攫千金を狙うリスクのある投資話には耳を貸さず、利息は低くても元本保証のある預貯金を選ぼうとするのである。

人間関係の営み方にも、日本人の心配性と不安傾向とが見て取れる。専門家によると、人付き合いには、積極的に人との交わりを増やし、友達付き合いの輪を広げようとする**「接近志向」**と、人との関わりを最小限に抑え、それらを大切に維持しようとする**「回避志向」**とがあるという。頻繁にパーティーを開くことからもわかるように、欧米人は積極的に交友を広げようとする接近志向タイプが多く、日本人には隣近所や職場での狭い交友関係を大切にしようとする回避志向が多い。

なぜ日本人は回避志向が強いのであろうか。

それは、日本人が周囲の人とのトラブルを恐れるからと考えられる。さまざまな人と広く付き合うことは、意見の不一致や利害対立の場に遭遇する機会を増やし、不快な経験をするリスクを高める。日本人の多くは、そうしたストレスを回避したいと思うため、比較的狭い範囲で、良好な人間関係を維持しようとするのであろう。日本人は限られた範囲の付き合いの中で、他の人たちから仲間として受け入れられることを快適と感じるのである。

人間関係に表れる日本人の回避志向は、「人から好かれたい」「受け入れられたい」という欲求の裏返しである。日本人の多くは、友人として、同僚として、あるいは仲間として、他の人たちから受け入れられたいと強く願う。これが「受容欲求」であり、日本人が自我を抑えて人との対立を避けるのも、この欲求を満たそうとするためである。

その裏返しとして、日本人は、人から嫌われること、排斥されることを極度に恐れる。そうした受容欲求の強さから生じる不幸な社会現象のひとつが、「いじめ」である。

日本の学校ではかなり以前からいじめが社会問題化し、自殺という悲惨な事件もたびたび起きている。官民を挙げていじめ防止に取り組んできたが、現在でも根絶できたとはいい難い。いじめは学校だけでなく、職場や地域でも起きており、日本社会に蔓延している。いじめは諸外国でも見られるから日本人だけの問題とはいえないが、恐らく日本は、最もそれが深刻な社会であろう。

いじめは、さまざまな方法で行われる。典型的なものはシカトする、口をきかないなどの仲間はずれである。これが被害者にとって辛いのは、受け入れてもらいたいという受容欲求にダメージを与えるからである。人から嫌われているとか、排斥されていると思うことは、日本人の安全志向を根底から揺さぶる辛いものなのである。

心配性である日本人は、人とのトラブルを避けたい、人から受け入れられたいと願って毎日を送っているので、他の人からのあからさまな嫌悪や拒否に出会うと、大きな衝撃を受ける。他人からどう思われようと構わないという人は、仲間はずれにされても、それほど深刻なストレスにはならないであろうが、ほとんどの日本人はそうではないので、いじめの悩みは深刻となる。

謝罪傾向の背後にある心理メカニズムが、日本社会のいじめ問題にも含まれている。

日本人は我慢の限度を超えると、拒否に転じる

日本では最近、「モンスター」や「クレーマー」などの言葉が飛び交っている。いずれも、強く自己主張したり、執拗に文句を言ったりする人のことである。

欧米では自己主張は当たり前で、到底無理だと思われるような場面でも、ダメ元でとり

あえず要求してみようということがよくある。

自己主張することが良いこととして推奨され、少なくとも当然の権利として認められている欧米諸国と比較して、日本では、「和を乱す」とか「配慮に欠ける」として眉をひそめられることが多い。クレーマーという表現にも自己主張をネガティブに見る日本的な視点が表れている。

私たちが行ってきた対人葛藤の研究で明らかになったことだが、人と対立しそうになると日本人は、白黒をはっきりさせるというよりは、互いに譲り合って穏やかに事態を収めようとする。責任の所在を曖昧にするともいえるが、勝者と敗者をつくって遺恨を生じるようなことを避ける工夫でもある。対立を表面化して人間関係に亀裂を作るよりは、多少我慢しても円満な関係を維持しようとするのである。

もちろん、喜んでそうしているとは限らない。むしろ不承不承といった場合が少なくないであろう。それでも対立を回避しようとするのは、将来のことを考えた保険的な関係を築くためでもある。

対立回避にはほかの理由もある。職場や地域などでは人付き合いは長期にわたるものが多く、その中で関係が悪化すると顔を合わせるたびに嫌な思いをすることになる。だから、毎日のストレスを避けるためにも、多少のことには目をつむろうとする。

対立を回避しようとする気持ちの背後には、関係保険という功利的な面だけでなく、対人ストレスに弱いという日本人の性質がある。そして、ここにもまた、周囲の人との円満な関係の中で生活したいという日本人の強い受容欲求を見て取ることができる。

対立を避けようとする日本人の傾向は、私たちが総じて解決下手であることにも原因がある。アメリカ映画などを見ると、職場で激しい言葉の応酬を繰り広げた同僚同士が、会合が終わると肩を組んで一緒に酒を飲みに行ったりするシーンがある。これは日本人には、なかなかできない芸当であろう。

日本人は一度関係が悪化すると、簡単に修復することができない。日本人は普段、少々嫌なことがあっても我慢しているが、それが限度を超えると、一転して激しい敵意となって相手を拒絶するという態度変化を起こす。そうなると「顔を見るのも嫌だ」という険悪な状態になり、関係修復は不可能になる。

このように、対人葛藤に対する日本人の態度は、過剰抑制から全面的拒絶へと極端に振れる。日本人には和解といったような柔軟な解決が難しいのである。

つまり日本人は、常に人間関係を良好に保とうとするが、対立が我慢の限度を超えると、一転して相手を拒絶するようになる。こうした日本人の態度は、会社でも家庭でも外交でも、見慣れた風景ではないであろうか。

自責の念から謝罪する人も多い

これもまた、日本人らしい性質のひとつだが、日本人には、自己責任を強く感じる傾向がある。

2章では、「自分のせいだ」「自分のせいではない」という「私的責任判断」について説明した。そこでは、自分の責任だと強く感じると、損得を考えずに謝罪をすると述べたが、私たちの比較文化研究によると、日本人は特に、負事象が起こると自分の責任を強く感じる傾向がある。これもまた、日本人の謝罪傾向を強める原因となっている。

職場や家庭でトラブルが起こった場合、被害を受けた側は感情的になって相手を責めるが、冷静になって考えてみると、一方的に相手が悪いということはあまりなく、自分が注意していれば防げたということも少なくない。私自身、自分が被害者になったときですら、内心では自分も気をつけるべきだったと思うことがよくある。

こうした自責傾向も人間関係志向の一面である。

米テキサスA&M大学のウイリアム・グラジアーノ教授の研究によると、協調性の高い人たちは、対立する場面にあっても一方的に相手を責めたりせず、「互いに悪いところがあった」「自分の方にも原因があった」などと自責の念を抱きやすいという。

協調性の高い人たちは、他の人が悪意をもって自分に害を与えたり、自己中心的な気持ちから人を傷つけたりすることはないという善良な人間観を持っている。対人間のトラブルが起こっても、まず誤解や行き違いのせいだろうと思い、ひょっとしたら自分の側にも責任があるかもしれないと考える。だから、相手に腹を立てたり、相手を責めたりする前に、相手の言い分を聞いてみようとする。

こうした温厚な対人態度と、相手の立場に立って問題を見る傾向があるため、協調性の高い人たちは謝罪をすることにさほど抵抗を感じない。

1章で詳述したが、私たちが行った日米比較文化研究によると、日本人はアメリカ人と比較して、私的責任判断が強い、つまり、自分に責任があると感じる「自責傾向」が強いことがわかっている。自責傾向は、それが適度な場合には、人付き合いの中でトラブルがあっても「お互いさまだよ」と寛大に振る舞い、問題を深刻化させないで対立の解決を図ることができる。その上、協調性が高いので、その傾向はさらに強くなる。

しかし、過度に自責傾向が強まると、当人の責任ではないことであっても必要以上に悩み、精神的健康を損なうことさえある。日本では自殺が多いが、それも、こうした自責傾向の負の面の表れと言っていいであろう。

日本人は謝罪を受け入れやすい

人間関係重視と受容欲求、他者配慮、ポジティブな人間観、自責傾向、葛藤回避、ストレス脆弱性など、謝罪傾向の背後にはさまざまな心理がある。そのいくつかはすでに述べたし、他のものについてもあとで詳しく述べるが、そのどれもが日本人にはよく見られるもので、日本人の謝罪傾向の強さと関連している。

自責の念が強く、謝罪することを好む日本人には、その一方で、相手がその謝罪を受け入れてくれるだろうと期待する心理もはたらいている。これを「**受容期待**」という。やむにやまれぬ罪悪感から謝罪する人がいるけれど、多くは、ある程度、謝罪の効用を期待して謝っていると思われる。

もし、日本人の間で謝罪が受け入れられるという期待が強いのであれば、それが日本人の謝罪傾向の強さの理由ではないかという推測も成り立つ。被害者が謝罪を受け入れてくれるから、積極的に謝ろうとする、という図式である。

この問題を検討するために、私たちは次のような研究を試みた。日本とアメリカの大学で、社会生活における種々のトラブルのエピソードを学生たちに示し、半分の学生たちには自分が加害者という立場で、残り半分の学生たちには被害者という立場で読むよう指示した。

その後、加害者の立場の学生たちには、4種類の釈明をしたとき、それぞれの釈明が被害者から、どの程度受け入れられると思うかを予測させた。一方、被害者の立場の学生たちには、加害者が行う釈明をどの程度受け入れるかを回答させた。

このとき得られたデータをもとに日本人学生の傾向を分析したところ、加害者は、謝罪したときに最も受け入れられるであろうと期待していた（19ページ図3参照）。これは、日本人が、この期待に従って、謝罪を選択していることを意味している。

しかし、本当に日本人は、謝罪すれば許してくれるのであろうか。これに対する答えは、被害者の立場に立った学生たちの反応でわかる。結果は、加害者の立場に立った学生たちが予測したとおり、被害者も謝罪に対して最も好意的に反応したのである。これと対照的に、弁解や否認などの他の釈明に対しては被害者は冷淡であった。

加害者、被害者双方の釈明に対する見方をつき合わせてみると、少なくとも日本人の間では、両者の認識は極めて良く一致している。加害者は謝罪すれば許してもらえるだろうと期待し、被害者もまた、謝罪すれば許そうと思っている。これが、日本人の謝罪傾向の原点になっている。

ところで、この図3をよく見ると、確かに加害者の期待と被害者の反応はほぼ一致しているが、謝罪に関しては、加害者側の期待度のほうが若干高くなっている。これは、確かに被害者は謝罪に対して好意的に反応しているのだが、加害者側はこの点を少し過剰に期待していることを意味している。時にはそこに齟齬が生じて、受け入れられると思って謝罪をしたのに、実際には受け入れられなかったという事態が生じることもあるであろう。

また、この調査結果からは、加害者が期待している以上に、弁解、正当化、否認が被害者によって受け入れられていることも読み取れる。ということは、日本人は、謝罪以外の釈明が受け入れられるような場面でも、謝罪してしまうことがあるのかもしれない。つまり、「自分は悪くない」と言って受け入れられる場面でも、「すみません」「許してくださ い」と謝罪してしまうことがあるのではないだろうか。

とはいえ、こうした齟齬は小さなものであり、加害者となったときも被害者となったときも、日本人にとって「謝罪」が最も大きな関心事なのである。

4——謝罪の効用とリスク

謝罪すれば、印象を改善できる

約束したことをやってくれなかった、時間に遅れてきた、貸した物を壊された、プライドを傷つけるようなことを言われたなど、些細ではあるけれど、私たちは毎日のようにいやな出来事に遭遇し、不快な気持ちになる。

そのとき、相手が謝ってくれるかどうかで、不快感情は大きく変化する。謝ってもらえば気分が良くなるし、相手を許そうという気持ちにもなるが、そうでなければ不快感がずっと続き、相手を許そうという気持ちにはなれなくなる。

心理学の研究でも、謝罪のこうした効果は検証されてきた。それは恋人たちの間で、家族同士で、学校で、子どもたちの間で、職場で、地域で、店員と客の間で、医師と患者の間で、団体間で、民族間で、あるいは司法の場面などで検討が行われ、謝罪が報復を抑制し、許しをもたらすことがわかっている。

しかし、謝罪の効用は、報復の抑制と許しだけではない。謝罪は、加害者と被害者の双方に効用がある。その心理的仕組みを示したのが図9である。

本章では、日本人が最も好む「謝罪」に焦点を当てて、その効用を考えてみるが、まずはじめは、加害者にとっての効用とは何かについて考えてみよう。


加害者が謝罪すれば、それは罪を認めることでもあるわけだから、加害者には賠償の支払いや信頼の低下など、さまざまなマイナスが生じる。

その一方で、謝罪すると多くの場合、加害者に対する周囲の人たちの「印象」が改善される。他の人に迷惑をかけておきながら知らんふりをしていると、「無責任」とか「図々しい」とか思われるが、人に迷惑をかけたことを認めると「良心的だ」「配慮がある」、あ

［図９］謝罪の効用

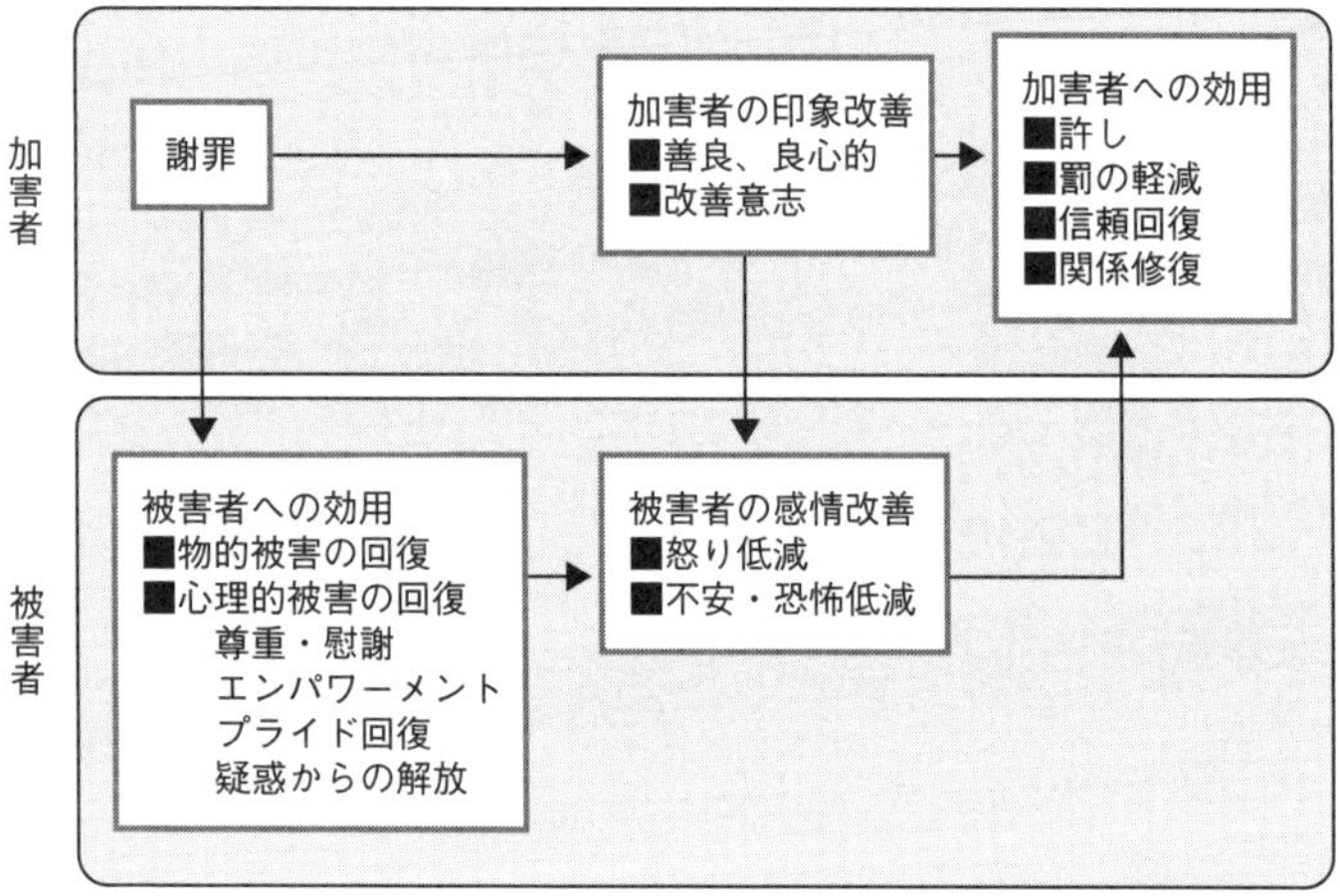

加害者
謝罪
加害者の印象改善
■善良、良心的
■改善意志
加害者への効用
■許し
■罰の軽減
■信頼回復
■関係修復
被害者
被害者への効用
■物的被害の回復
■心理的被害の回復
尊重・慰謝
エンパワーメント
プライド回復
疑惑からの解放
被害者の感情改善
■怒り低減
■不安・恐怖低減

るいは「責任感がある」などの好評価を受けやすい。

また、「今後、気をつけます」と将来の改善を約束すれば、加害者側に改悛の情があると思われ、信頼感を取り戻せる可能性がある。

印象は、人間関係で最も重視される信用の問題でもある。信用とは、友達として、職場の仲間として、あるいは地域の一員として、今後も安心して付き合っていける人物かどうかを判断する基準となるものである。それは、私たちが人間関係を構築する際に、とても重要な役割を果たす。

たとえば、人に迷惑をかけて知らん顔をしている人がいたら、その人は自分たちとは違った価値観を持っている人物ではないかと考え、そうした人と安心して付き合っていくことはできないと思うようになるであろう。

自分が引き起こしたトラブルを悪いことだと感じていないのならば、周囲の人たちはこれからも、その人から同じような被害を受けるかもしれないと不安を感じる。職場でも地域でも、そうした人は同じ仲間として一緒にはやっていけそうもない異質の人として、他の人たちから警戒心を抱かれようになるであろう。その結果、信頼の置けない人だと思われてしまう。

謝罪は、自分のしたことが悪いことであったと認めることなので、これとは正反対の反応を引き起こす。つまり、謝罪を受けた人は、この人は自分たちと同じ価値観を持ち、同じルールに従う意志のある人であると感じて安心する。そして、今後も同じ仲間として付き合っていけるだろうという信頼感が得られることによって、人間関係も修復される。

このように、「悪い人ではない」という印象の改善が行われると、加害者を厳しく罰しようという気持ちが弱まり、許してもいいという心境になる。

印象改善というと、気持ちの持ちようみたいで軽い感じがするかもしれないが、実際には謝罪がもたらす印象改善の効用は大きく、特に信頼を重視する日本人の社会では重要な役割を果たすものである。

謝罪された側は安心する

それでは次に、被害者にとっての謝罪の効用とは何なのであろうか。

加害者が得られる謝罪の効用の第一に「印象改善」を挙げたが、被害者が得られる効用の第一は「感情改善」である。被害者は、怒りや不安、あるいは恐怖や敵意などを感じているることが多い。謝罪は、種々の理由によって被害者が抱いているであろう、そうした不快な感情を軽減してくれる。

謝罪されると、加害者への態度が和らぐ。加害者は、当初思っていたほど悪い人間ではないと感じるようになり、これによって敵意が減少し、また、今後も被害を受けるのではないかという不安や恐怖から解放される。このように謝罪は、加害者自身の印象を改善するとともに、被害者が抱いている負の感情をも改善してくれる。

謝罪を受ける被害者にとっての効用はほかにもあり、実利的・心理的な面でさまざまな利益が派生する。物的・金銭的な被害を受けた場合、加害者の謝罪は弁済の意志があることを示すものである。

被害は物的・金銭的な損害だけではない。失礼な扱いをされてプライドを傷つけられるなど、日常生活ではむしろ、心理的な被害を受けることのほうが多い。これまで説明してきたように、謝罪には、そうした心理的被害を回復させる効用がある。

また、物的・金銭的被害でも、心理的被害を伴うケースがある。

たとえば、貸したパソコンを壊された場合、直してもらえばいいという人もいるかもしれないが、それでも内心では、もっと注意深く扱って欲しかったと思う人もいるのではないであろうか。「直せばいいだろう」という態度では、こうした人の不満を鎮めることはできない。

物的な被害であっても、被害者は自分（あるいは自分の物）が粗野に扱われたと思い、そのことによってプライドが傷つけられているから、加害者には心理面でのケアも求められる。丁寧で適切な謝罪は、そうした意味でも、問題解決の扉を開くことにつながる。

謝罪は相手を尊重し、パワーを与える

被害の種類や大小にかかわらず、被害を受けた側は自尊心が傷つけられている。多くの場合、不快な出来事は、加害者が他の人たちの都合や利害を無視して身勝手に振る舞った結果、起きたものである。だから、被害者は「自分のことを軽視された／無視された」と感じて自尊心が傷つくのである。会社でのトラブルにしろ、自動車事故にしろ、加害者が知らん顔をし続けていれば、被害者の心の傷はさらに深くなる。

反対に、加害者が「申し訳なかった」と謝罪すると、被害者は「自分のことを軽視していたわけじゃなかったんだ」「自分の気持ちもわかってくれたんだ」という気持ちになる。「尊重されている」あるいは「理解され、労られている」という感覚を得ることができる。これがとても大切で、これによって被害感情が和らげられるなら、被害者の怒りや不満も軽減されていくであろう。

最近、「エンパワーメント」という言葉が、いろいろな場面で使われるようになっている。

たとえば、ひとりの消費者が、購入した製品で損害を受け、賠償を求めようとした場合、技術や法務の専門家を大勢抱えている大企業が相手では、まともな勝負にはならないであろう。こうしたパワーの不均衡は、あらゆるケースで見られる。住民対役所、患者対病院、親対学校など……。

しかし最近は、こうした弱い立場にある側を支援する公的機関や民間団体が多数できて、一個人が強大な組織と対等な交渉をすることも可能になりつつある。このような支援団体や機関の役割は、弱者に「力を付ける」という意味で「エンパワーメント」と呼ばれている。

しかし、エンパワーメントにおいて、支援する団体や機関があるかどうかということは、本質的な問題ではない。当事者同士でも同じ効果が起こり得る。謝罪がその典型である。

謝罪は、ひざまずいて許しを乞う土下座という動作が象徴するように、加害者が被害者に頭を下げ、自らを低い地位に置く行為である。それは、自らを弱い立場に下げ、処断の権限を被害者に委ねることを意味している。

それは被害者の側から見れば、生殺与奪の権を与えられた、つまりパワーを与えられたことになる。これを行使して加害者を処断するかどうかは別にして、パワーを与えられたことによって被害者は、自分の地位が高まったという感覚を持つことができ、被害者としてのみじめな気持ちや、軽視されたという憤りから解放される。

それを私たちは、謝罪が持つエンパワーメント効果と位置付けている。

プライドを回復させ、猜疑心から解放される

いじめられた子どもが自殺する事件が後を絶たない。こうした事件の際、被害者は、い

じめられたことを誰にも言わず、一人で悩んでいたことがあとからわかる、といったことがある。なぜ、彼らは、いじめられていることを親や先生に言わないのであろうか。

いじめられた側は、被害者である。被害者は同情を受ける立場ではあるが、存在を軽視される弱者になった、ということをも意味している。それは当人のプライドを傷つけるものでもある。プライドを傷つけられた子どもは、そういうみじめな自分の姿を人に知られたくないと思うから、家族にも先生にもなかなか話そうとしないのである。

しかし、加害者から謝罪があると、エンパワーメントがもたらされ、被害者の地位とパワーは向上する。いじめの場合も同様で、もし、いじめた側（加害者）が、申し訳なかったと悔恨の情を示し、被害者を丁寧に扱うべきであったとして改悛の情を示せば、いじめられた側（被害者）のプライドは回復するであろう。あとで説明するが、教師が加害者に命じた強制的な謝罪であっても、一定の効果がある。

刑事事件などでは、しばしば被害者やその遺族が、加害者からの謝罪を求めていることをテレビや新聞などを通して知ることがある。

ある殺人事件の裁判で、犯人に対する死刑判決を聞いた被害者遺族が、「ずっと傍聴してきたが、ついに被告人から謝罪の言葉を聞けなかった」と無念さを口にした。死刑判決によって遺族の報復感情はある程度、満たされるはずなのに、なぜ遺族は謝罪を強く求め、それが得られないと言って嘆くのであろうか。

それは、被害者の人間性を踏みにじられたことに対する無念さである。犯行時、被害者は加害者によって人間性を無視され、まるで虫けらのように扱われた。その人間性を回復するには、加害者から「そのような扱いをするべきではなかった」という悔恨や改悛の表明が必要なのである。

加害者自身が謝罪を通して被害者に敬意を払い、これを尊重する姿勢を示せば、そのときはじめて、傷つけられた被害者のプライドが修復され、人間としての尊厳が回復され、本人や遺族は安堵する。

同じことは、日常のトラブルでもみられる。些細な被害であっても、被害者は自分が軽視されたことで、プライドを傷つけられたと感じ、多少なりともみじめな気持ちになっている。これを解消するには、やはり加害者からの謝罪が必要である。

プライドや自尊心の回復は、謝罪の心理的効用のなかでも最も広く見られ、また最も重要なものといえる。もしあなたが、誰かの気持ちを傷つけた、あるいは迷惑をかけたと思うなら、怒りとともに落ち込んでいる相手の心の傷を癒やすために、きちんとした謝罪をしたほうがいい。

ところで、被害に遭うと、加害者を責めると同時に、自分にも悪いところがあったのではないかという思い（自己疑惑）にとらわれる人がいる。「もっと注意していれば良かった」「早く気づいていれば被害を防げたかもしれない」などと考えてしまうことがある。自分自身で思うだけでなく、被害者はしばしば、周囲の人たちもそう見ているのではないかと思って不安になることがある。

実際、マスコミによる事件報道では、被害者の側にも落ち度があったと言わんばかりの記事もしばしばみられる。被害に遭っただけでも大変なのに、そのことで周囲から白い目で見られたら、被害者は立つ瀬がなくなるであろう。こうした二次被害は往々にしてみられる。

それほど深刻ではないにしろ、日常の小さなトラブルでも、被害者は同じような状態に置かれることがある。面と向かって言われないまでも、被害者は周囲の人たちが自分にも責任があるとみているのではないかと不安になり、猜疑心に苦しめられるのである。

しかし、加害者が謝罪して自分の非を認めれば、その責任は加害者にあるということが明白になるため、被害者は自分自身に対する疑惑からも、周囲の人から自分に向けられた猜疑心からも解放されることになり、安堵感に包まれるであろう。

加害者が謝罪したということは、被害者の見方や主張が正しかったと証明するものでもある。心理学者はこれを「知覚の妥当化」と呼んでいる。謝罪を受けた被害者は「自分が悪いわけではなかった」「自分の行為は正しかった」ことを再確認し、不安を払拭できる。「何だ、そんなことか」と思われるかもしれないが、学校でも職場でも家庭でも、まず相手の不快感情を低減させ、安心させることがトラブルを深刻化させず、解決に導く秘訣である。

だからこそ、上手に謝罪する技術を身に付ける必要がある。

謝罪以外の釈明にも効用はある

関係修復をもたらすのは謝罪だけではない。他の釈明も、それが成功するなら、謝罪と同様の効用をもたらす。それは基本的に謝罪と同じだが、唯一の違いは、被害者の傷ついた心を修復する効果が小さいという点である。

まず、謝罪以外の他の釈明——弁解、正当化、否認——が成功するためには、それらが真実を語っていると他の人たちから認められなければならない。「不可抗力であって、自分の責任ではない（弁解）」「悪いのは相手で、自分は正しいことをした（正当化）」「自分は無関係である（否認）」などの釈明が、もし真実であると受け止められるなら、当事者に対する疑念は払拭され、人物評価は改善される。

しかし、被害そのものがなくなるわけではないから、被害を受けた人たちの感情が修復されるとは限らない。被害者は傷ついた心の持っていき場を失って、かえって辛くなることだって考えられる。

たとえば、大切な仕事が急に入ったためメンバーの一人が会合に出席できず、別の日に改めて会議を開かなければならないことになった、というケースを考えてみよう。欠席した人は仕事のためだから責任はない、と周囲の人は考える。だから、その人を責めたり、信用できない人だと評価を下げたりすることはないであろう。

でも、他の人たちからすれば、せっかく時間をやりくりして会合に出席したのに、その努力が無駄になってしまった。おまけに、改めてスケジュール調整をしなければならなく

［図10］ 謝罪の効果

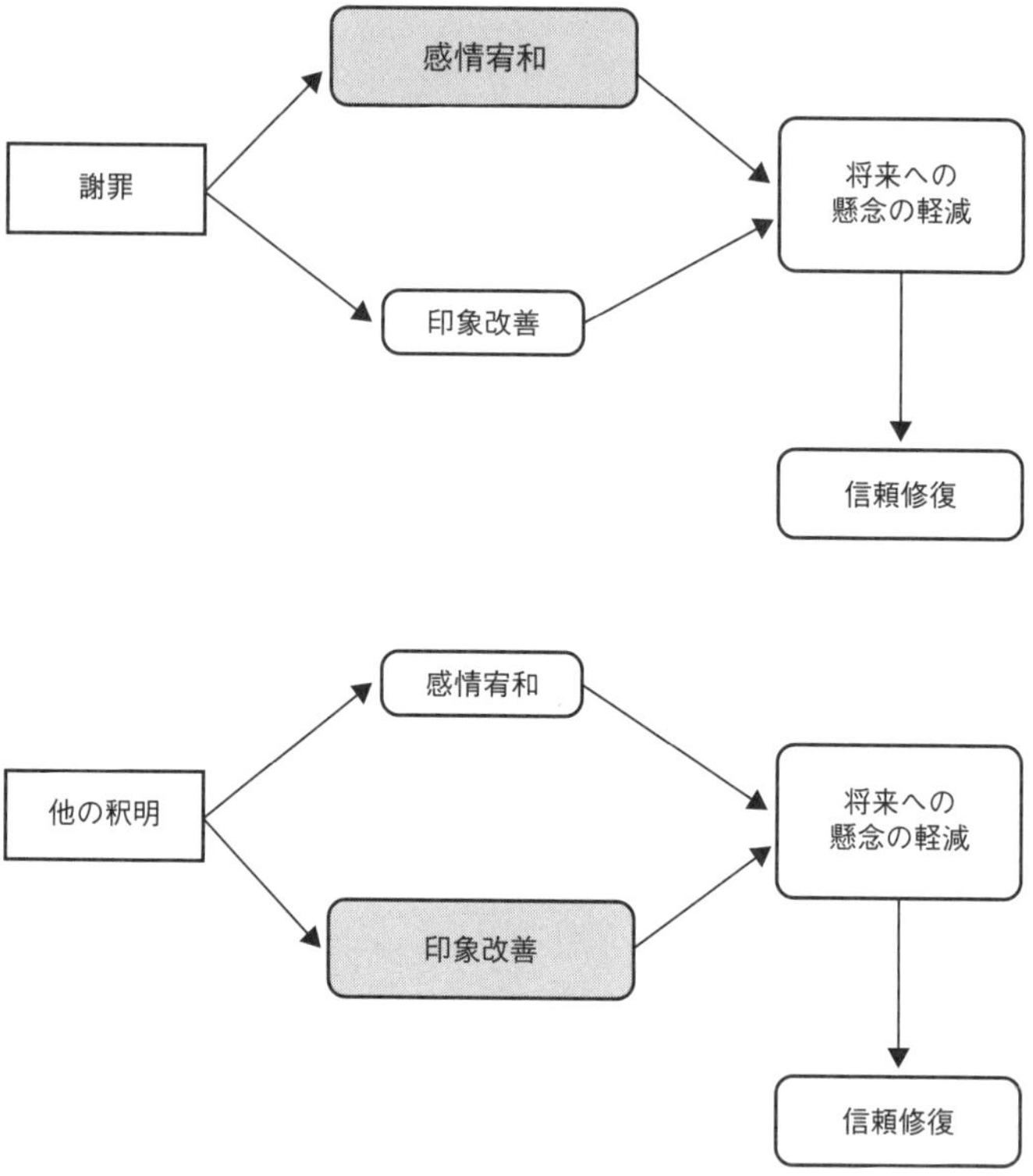

（Ohbuchi et al.（1989）より作図）

なるという手間も生じる。こうした場合、欠席した人に責任はないとわかっていても、自分が受けた被害は変わらないので、不満を感じることは避けられない。

図10に示すように、謝罪以外の釈明では、往々にして不快感情が持続し、当事者に対する信頼は低下しないものの、不快な感情を和らげる効果は小さくなることがわかっている。

意図的でない失敗は、許される可能性が高い

「違反」には意図的なものと非意図的なものとがある。たとえば、会合を欠席したとき、「うっかり忘れた」あるいは「急な仕事が入ってやむなく」などの理由の場合、当人には初めから欠席しようというつもりはなかったので、意図的ではない違反、つまり「非意図的違反」である。

これに対して、何らかの理由から「出たくない」と思ってわざと欠席したような場合は、「意図的違反」である。

謝罪は被害者の感情を和らげ、違反者の印象を改善させる効果があるが、それは主に意

図的ではない違反の場合である。人に迷惑をかけることを知っていながら故意にやったという意図的違反であれば、そうした効用は得られない。

例として、カナダのヨーク大学に勤めるウォード・ストラーリーズ教授たちの研究を見てみよう。彼らは、実験参加者である会社員115人に、次のようなエピソードを読ませた。「あなたは昇進が予定されていた。ところが、重要なプロジェクトで同僚の仕事が遅れ、期日までに完成できなかった。このため上司に叱責され、ボーナスを失い、さらには予定されていた昇進も駄目になってしまった」

その後、参加者たちには「実際にそうしたことがあったとしたら、あなたはその同僚を許すか？」とたずね、参加者たちを4つのグループに分けて、それぞれエピソードの異なる続きを読ませた。

【エピソード1】 同僚はそのことで謝ったが、あなたの昇進を妨害するために、わざと仕事を遅らせたという噂を聞いた。

【エピソード2】 同僚はそのことで謝ったが、あなたの昇進を妨害しようとしてわざと

［図11］行為の意図性と謝罪の有無による許しの程度

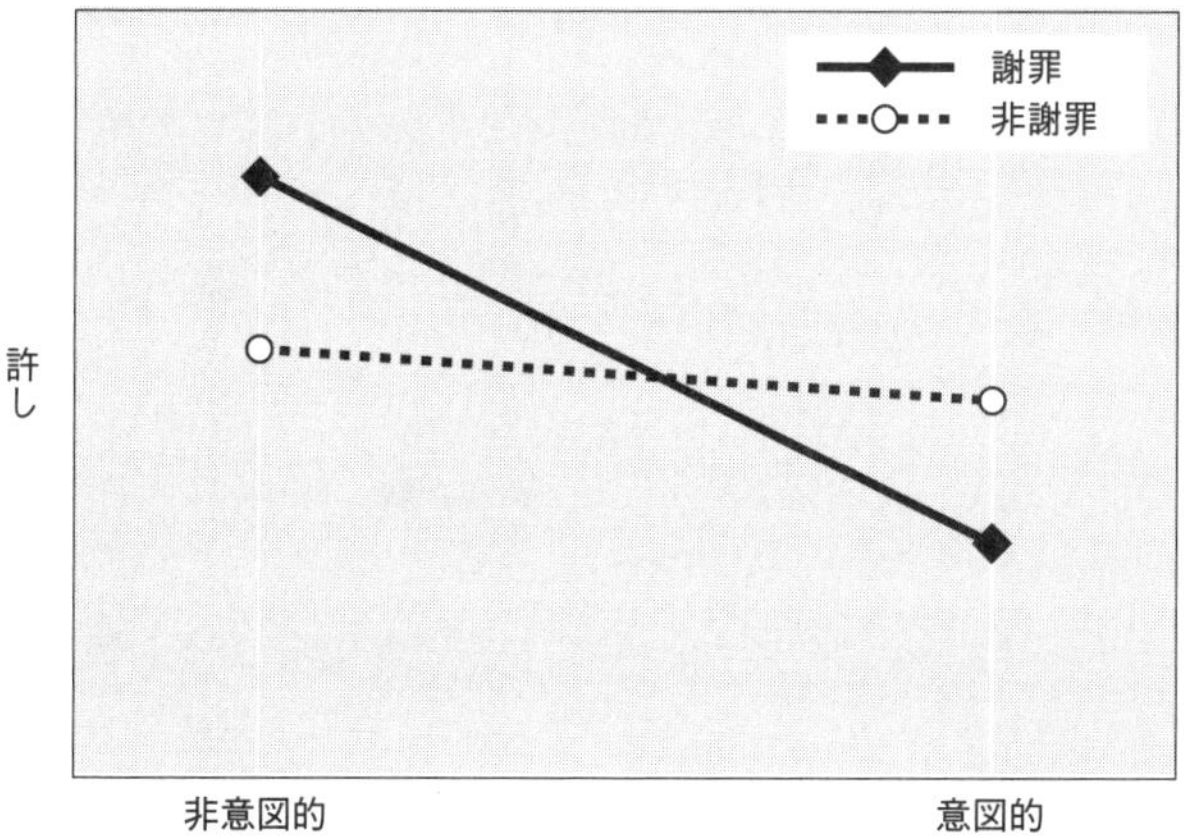

（Struthers et al., 2008）

仕事を遅らせたわけではない、という噂を聞いた。

【エピソード3】同僚はそのことで謝りもせず、また、あなたの昇進を妨害するために、わざと仕事を遅らせたという噂を聞いた。

【エピソード4】同僚はそのことで謝らなかったが、あなたの昇進を妨害しようとしてわざと仕事を遅らせたわけではない、という噂を聞いた。

この研究結果（図11）を見ると、わざと仕事を遅らせたわけではなかった（非意図的）ときには、謝った同僚は、謝らなかった同僚よりも許され、謝罪の効用がみられた。しかし、故意に妨害行為をした可能性があるときには、謝罪の効果は逆転した。故意にトラブルを起こしたと判断されたときには、同僚が謝っても、参加者は許さないと強く反発したのである。

その反発は、謝らない同僚に対するよりもむしろ強かったのだが、この研究例のように、意図的な違反や危害の場合、謝罪してもその効果がないか、むしろ逆効果になる場合があるので、気をつける必要がある。

たとえば、あなたが自動車を運転していて、信号待ちしていたところに後ろから追突されたという場面を想像してみよう。多くの人は、自動車事故はわざと起こすものではなく、不注意によるものだと思っているから、あなたもまた、後ろの自動車の運転手が飛んできて「申し訳ないことをした」と謝ると期待するだろう。

ところがそうではなく、相手がにやにやと笑っているのを見たら、あなたはどう思うだろうか。「わざと車をぶつけたんだ」と思い、怒りとともに強い恐怖にとらわれるに違いない。そんなときに、相手が「悪かったね」と謝ってきても、あなたはその謝罪が心からのものだとは到底思えないであろう。

そんな状態では、怒りや恐怖が和らいだり、相手に対する印象が改善したりすることはない。むしろ、その謝罪を作為的なものと感じ、ストラーザーズ教授たちの実験参加者のように、いっそう反発を強めるはずである。

この例は極端だが、どのようなマイナスの出来事であっても、それが意図的な場合には周囲の人たちに強い不快感を与えるので、謝罪したからといって、それを和らげるのは難しくなる。そんな状態で「悪かった」と謝っても、悪いことだと知っていながら故意にやったわけだから、謝るという行為自体が欺瞞《ぎまん》と受け取られる。このため、印象はさらに悪化するであろう。

また、意図的な危害の場合、被害者は今後も同じ目に遭うのではないかという警戒心を強めるので、謝罪に対しても、これを素直に受け入れる気にはなれないであろう。

こうした理由から、トラブルを引き起こした人は往々にして、それが故意ではなく、意図せず行ってしまったものであったということを強調したがる。

たとえば、プロ野球の公式ボールの性能が密かに変更されていた問題が発覚したとき、コミッショナーは謝罪会見で「自分は知らされていなかった」と付け加え、意図的な隠蔽ではなかったことを強調している。

もし、その説明が受け入れられれば謝罪の効果も期待できるが、知っていながら隠していたということが明らかになれば、謝罪したからといって世間から許されるとは思えない。結果はどうだったのか、その判断は読者の皆さんにお任せしよう。

形だけの謝罪でも、それなりに効果はある

悔恨や改悛の気持ちを表すことが重要だと先に記したが、謝罪が効用を発揮する上で、それらが絶対に必要かというと、必ずしもそうとは限らないことがある。

たとえば、子どもたちがけんかしていると教師が仲裁に入り、先に手を出した子どもに「謝りなさい」と命じ、相手の子どもには「謝っているのだから、許してあげなさい」と指導する。こうした光景は、誰でも見たことがあるだろうし、あるいは自分自身で経験したことがあるかもしれない。

この場合、謝罪は強制されたものだから、心からの謝罪、つまり「真正の謝罪」ではない。それにもかかわらず、多くの場合、被害者の子どもは謝罪を受け入れ、仲直りする。被害を受けた子どもは、強制された加害者からの謝罪を仕方なく受け入れているのだろうか。

実はそうではなく、強制された謝罪であっても、被害者にはさまざまなメリットがあるから受け入れるのである。

強制された謝罪、すなわち、表面的な謝罪は、子どもの世界にだけあるわけではない。政治家や団体が、世論やマスコミの批判に押される形で謝罪するというシーンも、しばしばみられる。これらが表面的謝罪であることは明らかだが、それを見た被害者あるいは一般の人たちは、その謝罪を、上っ面だけだとみなして相手にしないであろうか。

実際には、大人の社会でも、子どもたちの社会と同じような効用がみられる。強制された謝罪だから悔恨や改悛の情は含まれていないとみなされるが、だからといって、謝罪者が不誠実、嘘つきなどと否定的に評価されるわけではない。

米国コーネル大学のジェーン・ライゼン教授らの研究は、この疑問に答えようとしたもので、その研究内容は次のようなものであった。

大学生たちは二人一組で実験に参加し、協働作業の成績によって報奨金がもらえることになっていた。ところが、パートナーが作業中に携帯電話をかけるなどして集中せず、このため学生たちは賞金を得ることができなかった。

ここで、パートナーが「申し訳ないことをした」と自ら謝ってきたときと、その様子を見ていた第三者から「相手に迷惑をかけたんだから謝るべきだ」と言われて謝ったとき、さらに、まったく謝罪をしないときの3つの条件で、パートナーに対する人物評価（誠実、丁寧など）を学生たちに聞いた。

その結果（図12）を見ると、自発的なものだろうと強制されたものだろうと、大学生たちは謝罪したパートナーを、謝罪しなかったパートナーよりも好意的に評価したのである。この研究は、謝罪の印象改善効果だけを検討したものだが、その結果は、強制された謝罪（表面的謝罪）にも、一定の効用があることを示している。

この効用は、被害者側のどのような心理に基づくものであろうか。

謝罪の効用には、加害者が悔恨や改悛の気持ちを持っているかどうかにかかわらず生じるものが含まれている。最もわかりやすいのは物的損害に対する賠償で、なかには「十分な賠償してさえくれれば、謝罪なんか要らない」と合理的に考える人もいる。そういう人にとっては、悔恨や改悛など心情的なものよりも、どの程度の賠償をしてくれるのかということのほうが重大な関心事だから、謝罪が自発的なものか強制されたものかは、どうでもいいことであろう。

心理的被害についても、悔恨や改悛の有無にかかわらず、謝罪によって得られる効用がある。それは先に紹介したように、エンパワーメント、プライド回復、疑惑からの解放などである。相手が謝罪すれば、自分の側に許すか許さないかの権限が与えられることにな

［図12］ 自発的謝罪と強制された謝罪の印象改善効果

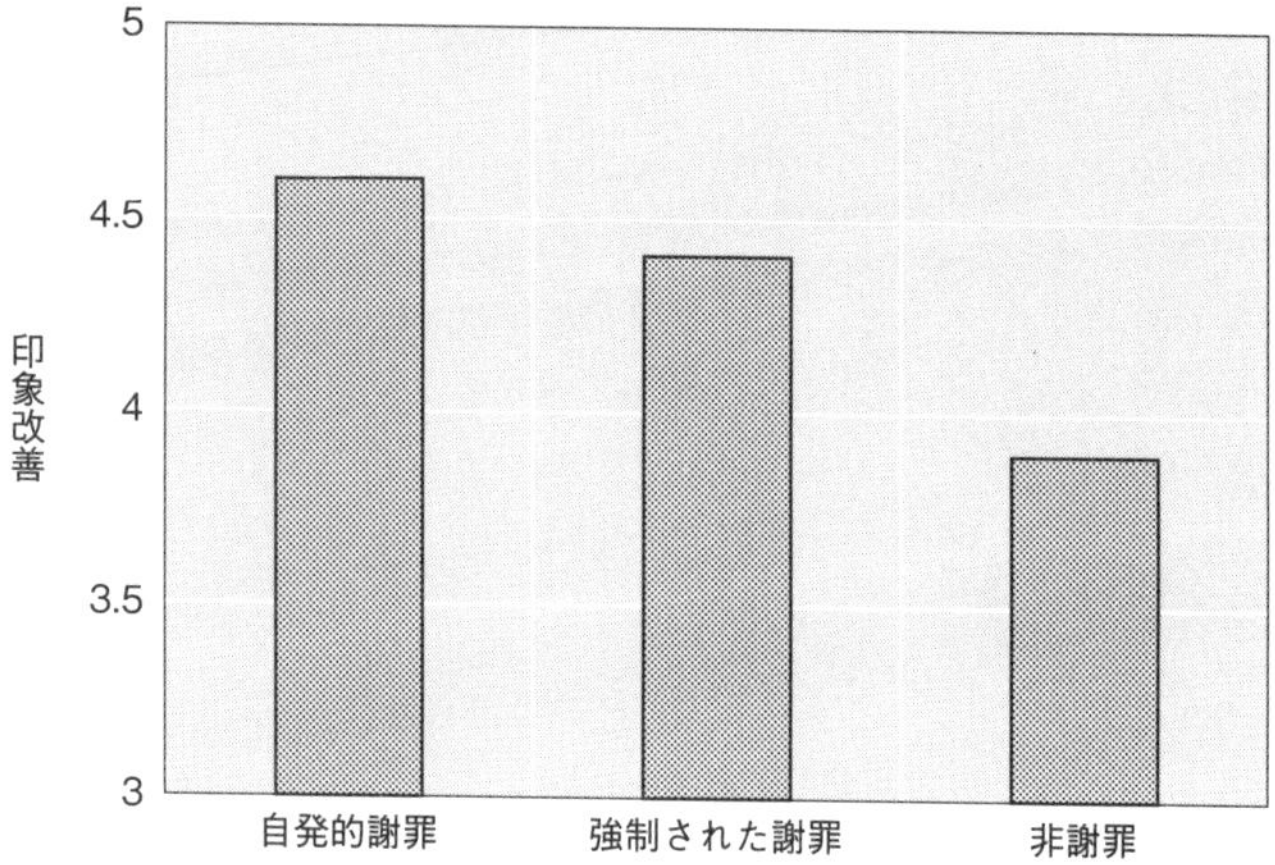

(Risen & Gilovich, 2007)

り、相手よりも自分が優位な立場になったという感覚が生まれ、それが被害者のプライドを満足させる。

また、謝罪は加害者が非を認めることなので、被害者は自責と自己疑惑から解放され、自己の正当性を確信することができるようになる。さらに謝罪は、加害者が自らを罰する行為でもあることから、被害者が抱く、加害者に対する罰願望や敵意を多少なりとも満足させることができる。

つまり、悔恨や改悛が伴っていなくても、加害者からの謝罪は謝罪の受け手にさまざまの利益をもたらすものであることから、たとえ強制された表面的謝罪であっても、それは被害者にとって歓迎すべきものである。

こうしてみてくると、謝罪がなぜ人間社会、とくに日本人社会で頻繁に用いられるのか、理解していただけるものと思う。

儀礼的な謝罪がもつ効用

悔恨や改悛の有無を問わない「儀礼としての謝罪」もある。

名誉毀損の裁判などでは、原告は賠償金とともに、しばしば謝罪を要求する。裁判所がこれを認めると、被告は謝罪文を原告に提出し、記者会見などで公表する。被告は法廷で直前まで自分の正当性を主張していたのだから、謝罪は、裁判所命令にやむなく従ったものだと誰でもわかるし、謝罪を受ける側も、そこに本心からの悔恨が含まれているとは思わないはずである。

それでも原告側が十分に満足するのは、謝罪が単なる儀礼であったとしても、謝罪する側には罰となり、謝罪を受ける側には地位とプライドの回復、正当性の承認などの効用がもたらされるからである。

儀礼としての謝罪は、被害者側だけでなく、謝罪をする側にも一定の効用をもたらす。たとえ形式的であっても、謝罪を行ったということで、加害者をこれ以上責めるべきではない、という社会的圧力がはたらくからである。

「加害者をこれ以上責めるべきではない」という社会的圧力の存在は、実証研究でも確認されている。英国ダンディー大学のマーク・ベネット教授らは、謝罪を受けた人が、これにどう反応するかを決める際、周囲の人たちが自分をどう見るかを気にすること、また、周囲の人たちは、謝罪を拒否した人よりも、謝罪を受け入れた人を好意的に評価することを見いだした。

この研究は、謝罪した者は許すべきであるという規範が、人々の間にあることを示唆している。これを「寛容性規範」という。

先ほどのライゼン教授たちが行った実験の中にも、寛容性規範の存在を示唆するものが含まれている。彼らは大学生たちに、友達からみんなの前でからかわれたという場面を想像させ、その友達が自発的に謝罪したとき、あるいは第三者から言われて謝罪したとき、その謝罪を受け入れるかどうかを判断させ、友達の謝罪を「受け入れたい」という個人的な気持ちと、「受け入れるべきである」と感じるかどうかを比較した。

結果は、自発的謝罪をより受け入れたいと学生たちは思っているが、それ以上に「受け入れるべきである」という気持ちのほうが強くはたらいていた（図13）。強制的謝罪でも事情は同じで、学生たちは、その謝罪を受け入れるべきだという義務感を強く感じていた

[図13] 謝罪受容の義務感

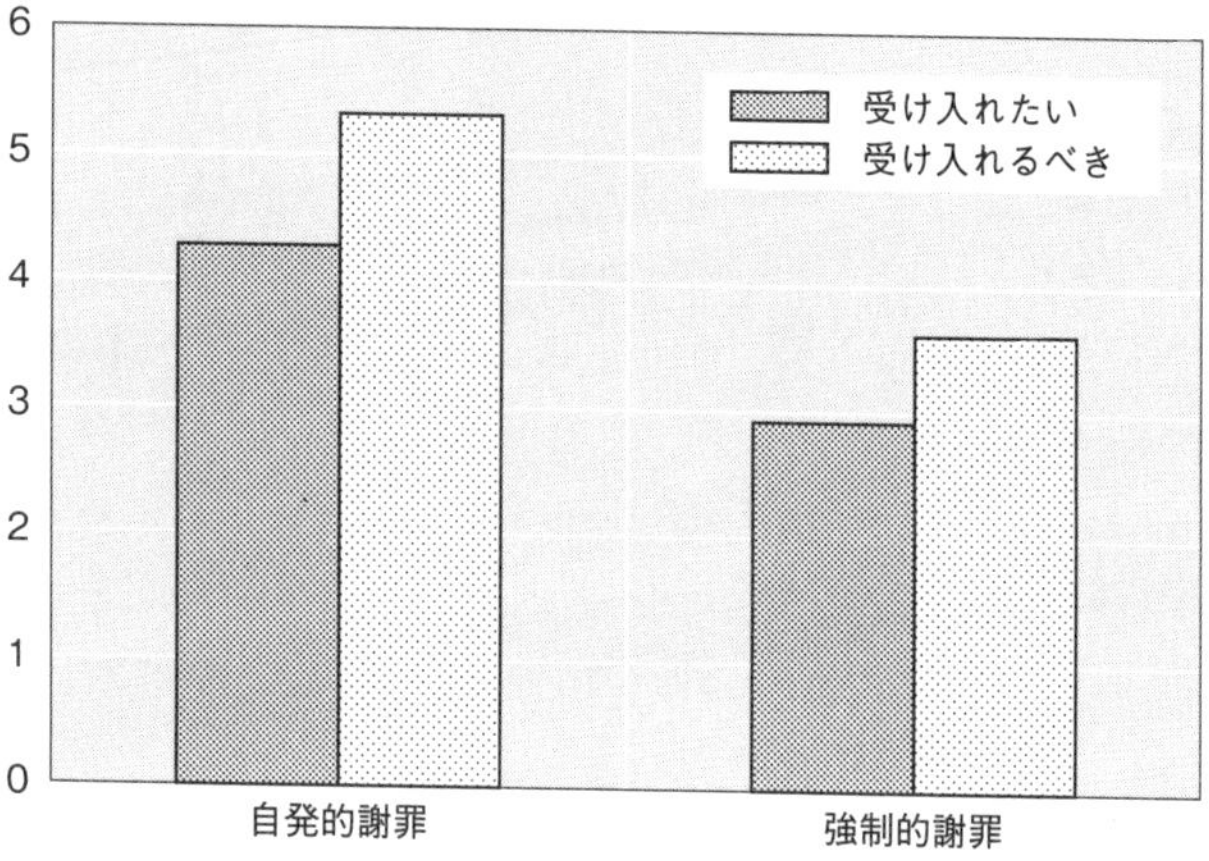

(Risen & Gilovich, 2007)

ことが示された。

強制されたものであろうと自発的なものであろうと、あるいは、悔恨を伴う真正の謝罪であろうと、悔恨が伴わない表面的な謝罪であろうと、謝罪した者を許すべきだという規範意識が人々の間にはある。そういう寛容性規範は、謝罪という儀礼によって社会的紛争に決着をつけることを関係者に推奨するものでもある。

実際のところ、たとえ表面的謝罪であっても、被害者の不快感情がある程度鎮まれば、加害者に対する怒りと敵意が和らぎ、被害者側も、この解決シナリオを受け入れる気持ちになるであろう。

学校での教師、職場での上司が仲介して行われる謝罪は、裁判所が命じる謝罪と本質的には同じで、それは人々の間に起こったトラブルを終結させる社会的儀式といえる。しかし、儀式だからといって効果がないわけではなく、謝罪は加害者と被害者の双方に効用をもたらすことで、紛争解決という社会的機能を果たしているのである。

謝る側も謝られる側も、自動的に反応する

被害者は反射的に謝罪を受容するのだという主張もある。良いか悪いか、損か得か、という判断をせず、反射的に反応してしまうことを、心理学では「スクリプト（台本）反応」と呼んでいる。挨拶の交換、商店やレストランでのやりとり、賞賛への反応など、社会生活のなかには、慣習化された交流パターンが数多く見られる。

たとえば、出会った人が頭を下げてむにゃむにゃと何か言うと、発言内容がよく聞き取れなくても、受け手の方もあわてて頭を下げて挨拶を返そうとする。私たちの頭のなかには、決まり切ったセリフを交換する交流パターンがいくつか入っていて、相手がそれを刺激するような言動をすると、受けた側も自動的にそのセリフを口にする。それがスクリプト反応である。

謝罪に対しては、たとえそれが表面的なものであっても、被害者は好意的な反応をする。このことは、「謝罪に対しては好意的に反応する」という自動的スクリプトの存在を示唆

している。「謝罪した人は許すべきだ」という社会的ルールも一種のスクリプトで、これを心の中に持っている人は、謝罪がたとえ表面的なものであっても、「許すべきだ」という内的衝動を感じるのではないであろうか。

謝罪には多くの要素が含まれている。しかし、受け手はその一部を聞くと、他の要素も示されたものと思い込んでしまう傾向がある。それは受け手の側に、謝罪とはこういうものだ、というスクリプトがあるためである。謝罪に含まれる要素の一部が示されると、その謝罪のやりとりに関するスクリプトが活性化され、他の要素も発言されたと勝手に思ってしまう。

こうしたスクリプトのために、謝罪を受けた人々は、その内容を精緻に吟味することなく、半ば自動的に謝罪を受け入れるように反応してしまうのである。

謝罪した人を許すべきだとする「寛容性規範」と対を成すものとして、人に迷惑をかけたら謝るべきだという「謝罪規範」というものもある。

ドイツのトリーア大学のマンフレッド・シュミット教授らの研究では、参加者たちに、「友人にバイクを貸したら、不注意から盗まれてしまった」というエピソードを読ませ、そのあとに、友人がどんなことを言ってくるかを想像させたところ、友人は「自分のせいだ」（責任の受容）、「本当にすまないと思っている」（悔恨）などの謝罪発言をするだろうと思い込んでいる者が少なくなかった。

加害者が謝罪をしてくるだろうと予測する背後には、謝罪規範というルールが人々に共有されていることが挙げられる。

寛容性規範も謝罪規範も、私たちが小さい頃から親や教師によって繰り返し指導され、また、周囲でそうした行為が交換されるのをたくさん見てきた結果、形づくられたもので、私たちの頭のなかには謝罪をめぐるスクリプトが、すでにできあがっているものと思われる。悪くもないのに「すみません」や「ごめんなさい」などと、反射的に謝っている人を見かけることもあるが、それは謝罪規範に基づくスクリプト反応なのである。

謝る側、謝られる側それぞれに、「謝罪しなければならない」「謝罪を受け入れなければならない」というスクリプト反応があるが、それが実社会において、早期の問題解決をもたらす有益なはたらきをしている。

謝罪には、時にリスクもある

謝罪は、謝罪する側（加害者）と謝罪を受ける側（被害者）双方にメリットのある行為だが、なかには謝罪をしない人もいる。

確かに、周囲を見渡すと、他人に頭を下げたくないという人がいるし、頑なに謝罪を拒否するわけではないが、謝罪をするかどうかは時と事情によるという人もいる。恐らく多くの人が、事情によると考えるのではないであろうか。

謝罪には効用があるのに、なぜ謝罪しないときがあり、謝罪したがらない人がいるのであろうか。それは、謝罪が、少なくとも加害者側には、不利益をもたらす可能性のある行為だからである。謝罪は、謝罪する側にとってリスクのある行為である。加害者は、謝罪の効用とリスクとを天秤にかけ、その損益を計算しながら、謝罪するかどうかを判断しなければならない。

それでは、謝罪のリスクとは何か、考えてみよう。最悪のケースだが、謝罪したにもかかわらず信用が回復されず、許しも得られず、厳しく罰せられるということがありうる。

その可能性が高く、どうせ許されないだろうと思うなら、頭を下げて謝る必要はないし、そうすれば、少なくともプライドは守ることができると考える人もいるであろう。

それはしかし、本当の謝罪リスクではない。それは単に、謝罪から期待される利益が得られなかっただけのことである。むしろ、本当の謝罪リスクは、謝罪しなければ避けられたかもしれない不利益を、謝罪によって自ら招いてしまうことである。

刑事裁判では時に冤罪というものが起こり、被告人が刑に服してから無実であったことが判明することがある。こうした冤罪事件では、被告人がやってもいない罪を自ら認める「虚偽自白」がしばしば見られる。虚偽自白が起こる原因は司法制度や捜査・裁判の手続きの中にあるのだが、それはともかく、謝罪が無実の人に罰をもたらす典型的な例である。

実際には犯行をしているのに「やっていない」と否認する人もいる。むしろ、警察に逮捕された人の大半が否認するといっていいであろう。なかには裁判の場でも否認を通そうとする被告人がいる。取り調べや公判で無実を主張し、それが認められれば罰を免れることができるから、その可能性がある状況ではあくまで否認を貫く。そういう人にとっては、謝罪して罪を認め、罰を受ける事態は、何としても避けたいことであろう。

ところが、無実の主張が認められなかった場合には、「反省していない」「卑怯にも罪を逃れようとした」などと裁判官の心証を害し、かえって重い罰が下されることがある。つまり、謝罪することで、冤罪のように、受けなくていい罰を受けてしまうこともあれば、謝罪すれば避けられたかもしれない罰を、謝罪しなかったことで受けてしまうこともある。

実際、刑事裁判を担当する弁護士は、無実の主張が裁判で通るかどうかを見極め、可能性があると見れば否認を通すが、数々の証拠から可能性がないと見れば、被告人には謝罪して改悛の情を表したほうがよいと勧めるであろう。

日常の社会生活では弁護士のようなアドバイザーがいないから、マイナスの出来事への関与が疑われた当事者は、自分で査定を行うことになる。もし、本当に身に覚えのないことであり、その説明が他の人たちに受け入れられると判断すれば、「やっていない」と否認すればいい。もし、こうした状況で謝罪すれば、不必要な罰を招いてしまう。

それでも、他の人たちが非は当事者にあると強く信じている場合には、否認しても結局、信頼と評価を失うという罰を受けることになる。裁判官の心証と同様、当事者に対する印象は「図々しい」「平気で嘘をつく」など一層悪いものになり、それがその後の人間関係にも悪影響をもたらすことにもなりかねない。

もし、わずかでも負事象に関与しているなら、否認が通用しない場合のリスクを考え、非を認めて許しを乞う謝罪を選んだほうが賢い選択といえるかもしれない。

　このように、当事者は謝罪したときの効用とリスク、否認したときの効用とリスクとを考えながら、謝罪するか否認するかを決定する。もちろん、これは裁判などのように、弁護士と相談したりしてじっくり考える時間がある場合のことで、日常生活の中で事故や事件への関与が疑われるような事態というのは、突然にやってくることが多い。

　そうした突然の事態では、否認が認められるかどうかなどの査定作業を行う余裕はないので、もっと直感的な判断に従うことになる。その場合には、当人の性格、信条、価値観など、その人固有の考え方がより強く反映されることになるが、この点については第5章で詳しく紹介する。

盗撮など倫理違反行為は、謝罪しても効果がない

謝罪を行う人の目的のひとつは、信頼関係の修復である。しかし、信頼には、能力に対

する信頼と倫理性に対する信頼の二側面がある。能力信頼とは、相手が一定以上の成果を上げる能力をもっているであろうとの期待であり、倫理性信頼とは、任せたことに誠意を持って取り組んでくれるだろうという期待である。確かにどんな仕事にもこの両面がある。たとえば、十分な能力を持っているのに、一生懸命にやらない人がいる。これは倫理性の面で信頼がおけない人たちである。一方、どんなに努力しても能力不足のために成果が上がらない人もいる。こちらは能力面で信頼できない人たちと言えよう。

謝罪は、弁解や正当化など他の釈明に比べると、信頼回復に効果がある。しかし、信頼の異なる二側面に対しても、謝罪は、同じように効果的なのであろうか。米国・南カリフォルニア大学のピーター・キム教授らは、この問題を検証しようと試みた。

実験の参加者たちは、ある会計事務所の採用面接の録画を見せられた。面接に訪れた求職者の女性は、前の会社で担当したクライアントの納税申告で不正を行ったと疑われたことがあると告白したが、この不正の原因と謝罪の有無によって、次の4種類の録画が作られ、参加者たちはそのうちひとつだけを見せられた。

【ケース1】前の会社では、それは知識不足のせいだと非難された。求職者は、その不

正が能力不足によるものであったことを認めたうえで、「今後、二度とそんなことはしない」と改善を誓った。（能力不足＋謝罪）

【ケース2】前の会社では知識不足のせいだと非難された。しかし、求職者はこれを否定し、不正は事務所の側の問題であって、自分は規則に従っただけであると主張した。（能力不足＋正当化）

【ケース3】前の会社では不正を故意にやったと非難された。求職者はそのことを認め、その上で謝罪して「今後、二度とそんなことはしない」と改善を誓った。（倫理違反＋謝罪）

【ケース4】前の会社では故意にやったと非難された。しかし、求職者は否定し、自分は事務所の方針に従っただけだと主張した。（倫理違反＋正当化）

録画を見たあと、参加者にこの求職者を雇用すべきかどうか判断させたところ、図14に

[図 14] 求職者に対する雇用意図

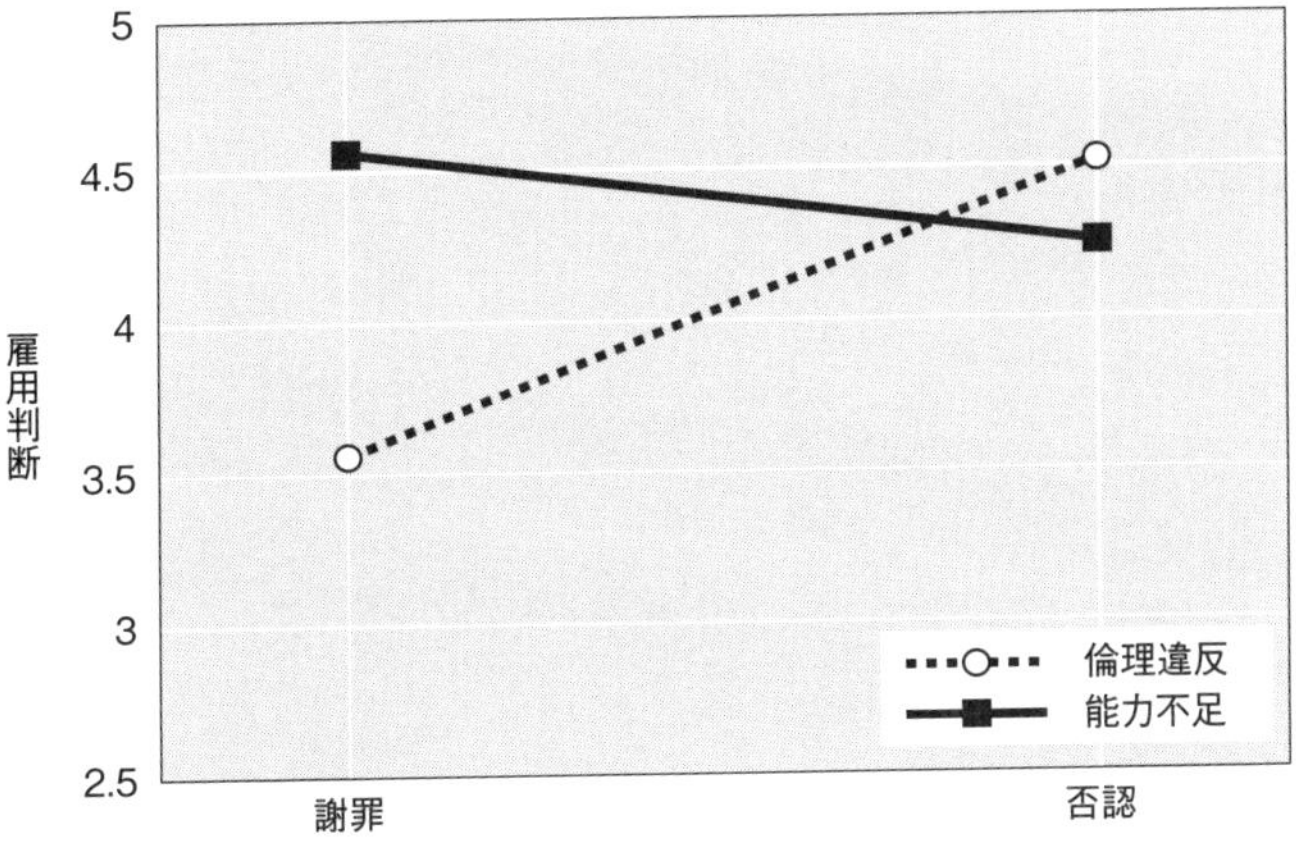

(Kim et al., 2004)

見られるように、能力不足が疑われた場合には、求職者が謝罪したときのほうが好意的な反応が増えた。反対に、倫理違反が疑われた場合には、謝罪しないで否定した求職者に対して評価が高まった。

つまり、倫理違反を犯した場合、謝罪はその人に対する評価と信頼を低下させたのである。この場合、「謝罪は許される」という効用が得られなかったのはなぜであろうか。

このメカニズムを理解するには、私たちが他の人物を評価するときの仕組みを知る必要がある。ある人物を評価する際、私たちはその人のこれまでの言動や実績を考慮する。ところが、心理学の研究によると、能力を評価するときと倫理性を評価するときとでは、注目する情報が異なる。

たとえば、ホームランも打つが三振も多いバッターの力量を評価するケースを考えてみよう。三振が多いという情報は悪い情報だが、ホームランが打てるというのは良い情報である。こうした場合、能力評価では一般に、悪い情報を軽視して良い情報を重視する傾向があるので、この選手の場合はホームランを打てるバッターという点がより注目され、評価は高まると考えられる。

次は、倫理性評価の場合である。

たとえば、アパートの隣の部屋に住んでいる中年のおじさんは親切な人で、朝夕の通学時に交差点に立って子どもの交通指導をしてくれたり、アパートの周りを掃除してくれたりする。あなたはこのおじさんを善良な人物と見て、親しみを感じていた。ところが、彼は以前に猥褻《わいせつ》行為をして逮捕されたことがあると聞いたら、その人物の評価はどう変化するだろう。いままでのように親しく付き合っていくことができるであろうか。

倫理性評価では、良い情報よりも悪い情報のほうが重視される。だから、この例のように、その人物についてたくさんの良い情報があっても、たったひとつの悪い情報によって評価は逆転してしまうのである。

会社役員、航空機機長、裁判官、大学教授など社会のエリートたちが、盗撮で逮捕される事件が相次いでいる。こうした破廉恥事件はエリートだけが行っているわけではないが、彼らの事件はマスコミに取り上げられやすいので目立つことになり、多くの場合、その行為によって職を失ったり、時には妻に離縁されたりと、重い罰を受ける。

彼らは、それまで数多くの良い行為を行い、それが評価されて高い地位に就くことができたのに、たったひとつの悪い行動事例によって、すべてを失ったのである。

こうした事件例は、悪い情報を重視するという倫理性評価の特徴を如実に表わしている。

さて、キム教授らの実験に戻ろう。能力評価と倫理性評価の仕組みが異なるということを念頭に、改めて実験結果をみてみる。

謝罪は、当事者に関する良い情報と悪い情報とを含んでいる。良い情報とは改善の意志であり、悪い情報とは不正をしたということである。受け手が良い情報を重視すれば評価は高まり、悪い情報を重視すれば評価は低下する。

能力判断では良い情報が重視されるから、実験参加者たちは、能力不足であった求職者が謝罪して不正を行ったことを認めても重大な瑕疵《かし》とはみなさず、むしろ将来の改善意志があるというプラス面を評価したのであろう。

一方、倫理面の評価では悪い情報が重視されるから、実験参加者たちは、求職者が不正行為を認めたという悪い情報を重視し、将来の改善意志という良い情報を軽視して、求職者の評価を低下させたものと思われる。謝罪は、たとえ真正のものであったとしても、倫理性に問題があると判断されれば、効果が逆転するというキム教授らの研究結果は興味深いものである。

他にも、謝罪が逆効果になるという研究はある。たとえば、米国フェアリー・ディキンソン大学のジャネット・シーガル教授らの研究がそれで、実験参加者たちに、ある選挙候補者がセクシャルな、あるいは経済的なスキャンダルに巻き込まれている様子を描いたビデオを見せた。

ビデオは複数のバージョンが作られており、ひとつのバージョンでは、候補者は罪を認めて謝罪したが、別のバージョンでは「自分はやっていない」と疑惑を否認した。実験参加者に、この候補者を信用できると思うかどうか、また、選挙の際、彼に投票するかどうかをたずねたところ、疑惑を否定した候補者のほうが、疑惑を認めて謝罪した候補者よりも「誠実で信頼できる」とみなされ、選挙でも支持するという回答が多くみられた。

この実験で用いられたビデオでは倫理性が問われているが、こうした問題では、罪を認めるよりも否認したほうが、他の人たちの信頼を維持することができる。とはいえ、否認が通用するのは、スキャンダルが事実かどうか、明確な証拠が見当たらない場合だけであろう。事実が明白な場合に否認すれば、嘘をついているとみなされ、候補者の倫理性評価が大きく低下することになるのは明らかである。

倫理違反行為が客観的に明白なときには、やはり謝罪のほうが効果を期待できる。しかし、キム教授らの実験結果が示唆するように、謝罪しても、その人物に対する信頼が回復

［図15］不祥事の原因（能力と倫理性）による
信頼への謝罪効果の違い

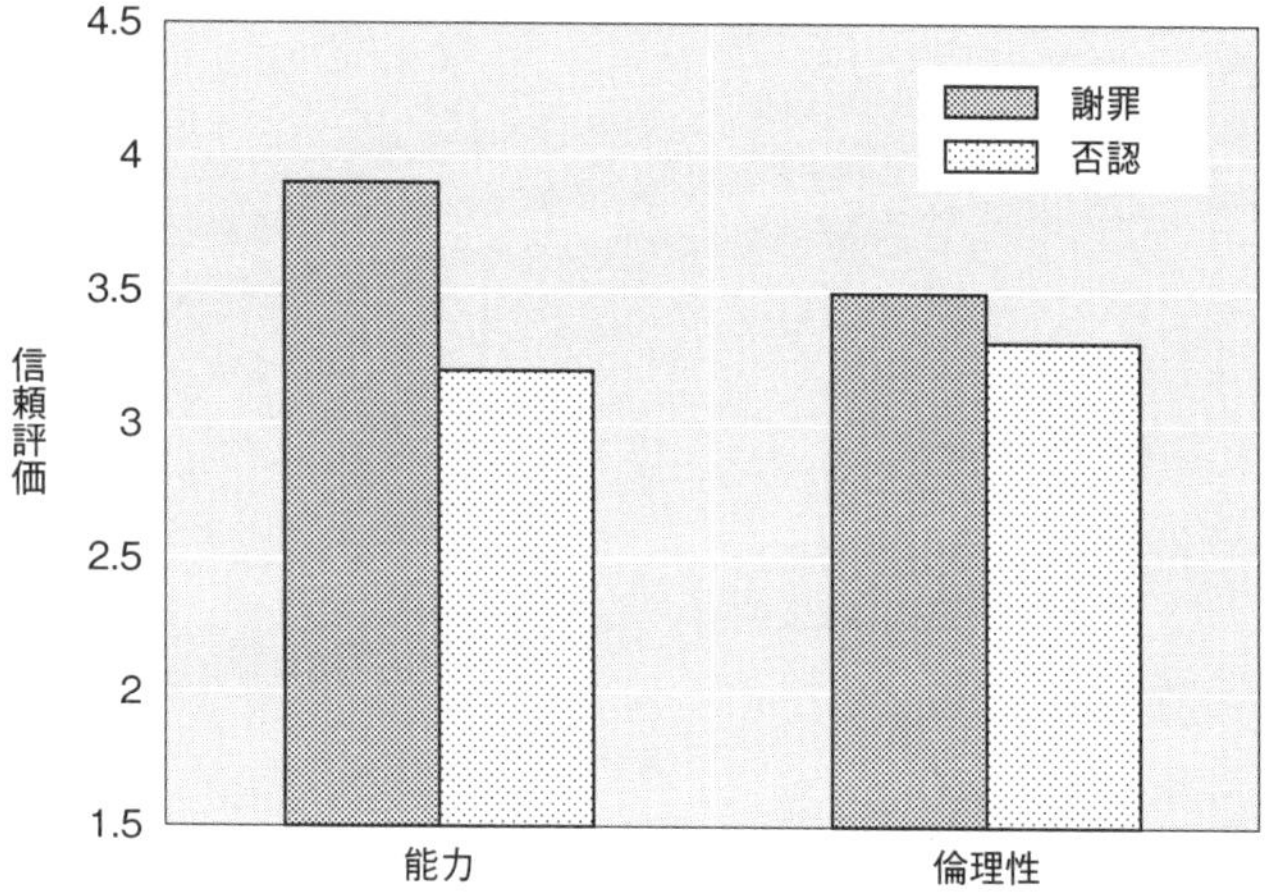

するかどうかは疑問である。ビル・クリントン元アメリカ大統領は在職中、証拠が明らかであったため「不適切（非倫理的）な関係」を認めて謝罪したが、その後、彼に対する信頼は回復しただろうか。

ところで、キム教授らの研究はアメリカ人を対象に行われたものだったが、そこで得られた倫理面での謝罪に関する逆転現象は、謝罪傾向の強い日本人でも当てはまるのであろうか。

こうした疑問から、私の研究室でキム教授らの追試を行ってみた。キム教授らの実験では面接場面の録画が用いられたが、私たちの研究では、不祥事を行った4人の人物の行為と釈明を描いたエピソードを日本人学生に読ませるという方法をとった。この実験では、不祥事の原因を当該人物の能力不足としたバージョンと、倫理性不足としたバージョンとを作り、その人物がどれくらい信頼できると思うかを答えさせた。

結果（図15）を見ると、能力不足で不祥事を起こした人の場合には、謝罪すると信頼性評価が高まったが、倫理性不足によって不祥事を起こした場合には、謝罪しても信頼性評価はほとんど変わらなかった。日本人を対象にしたこの研究では、倫理違反の場合に謝罪が逆効果になるという現象は見られなかったが、少なくとも謝罪の効果がないことは確認されたといえよう。

つまり、倫理性に問題があると思われた場合、謝罪するとアメリカのように悪影響があるとまではいえないが、日本でも信頼を回復するまでには至らないことが明らかになった。

釈明後の行動が、信頼回復につながる

謝罪を受けた人が関心を持つ事柄のひとつは、違反者の行動が今後改善されるかどうかである。

違反者は謝罪の中で、「もう二度としません」と将来の行動改善を誓うことが多い。それが信じられるかどうかで、謝罪を受け入れるかどうかも影響を受ける。被害を受けた人たちが謝罪を受け入れ、許そうと決めるのは、違反者がもう二度とこんなことはしないだろうという確信を持てるか、あるいはそれを強く期待できる場合である。

謝罪と行動改善の関係は研究でも確認されている。米国オハイオ州立大学のエドワー

ド・トムリンソン教授たちは、実験参加者であるビジネス・スクールの学生たちに、商取引を題材にこの問題について考えさせた。

この題材は、これまで長い間取引を続け、信頼関係を築いてきた相手から突然何の説明もなく「発注量を減らす」と通告されたというものである。その相手が謝罪をしたところ、この信頼違反が一時的なもので、将来は改善されると信じた人たちは違反を許し、取引関係を継続すると答えた。

しかし、許すということは、さらに裏切られるというリスクのある決定でもある。実際、許した相手が同じ問題を起こしてがっかりしたという経験が、誰にでもあるであろう。

私たち教員は、深刻な問題とはいえないけれど、相手を許すかどうかという事態に日常的に直面している。面談の時間に現れない学生、あるいは締切時間を過ぎてもレポートを持って来ない学生もいる。学生たちは、「すみません」と謝罪し、「これから気を付けます」と将来の行動改善を誓う。教師としては学生を信じることが必要なので、多くの場合はこうした学生たちを許すが、時には同じような問題を起こして、行動改善の見られない学生もいないわけではない。

謝罪に含まれる行動改善の誓いは、どれくらい信じられるものだろう。それは、その場逃れのまったくの口先だけの誓いなのだろうか。私たちの経験では、そういう学生もいるけれど、たいていのケースは信じられるもので、違反者はそれを繰り返さないように努力しているのがわかる。

ニュージーランドで行われた非行少年更生プログラムによると、被害者に謝罪した少年は、しなかった少年に比べ、再犯率が3分の1に低下したという。しかし、謝罪によって非行をやめようという意志が強まったとは言えるが、実は、もともとその意志の強い者が謝罪をしたという可能性もある。たぶん、行動が改善した少年には両方のケースが含まれているものと思われる。

謝罪によって将来の行動改善を誓うことは、他の人々にそれを約束することであり、単に心の中で行動改善を決意するよりも、強い自己規制力を生み出す。こうした意味から、裁判官のような司法専門家たちも犯罪者に謝罪を促すことが、再犯防止につながると見ている。

しかし、時には、謝罪して行動改善を誓った違反者によって期待が裏切られることがある。そうした場合、他の人たちの違反者に対する対応は、一転して厳しいものになる。このことを示す研究が、香港大学のハリー・恵教授らによって行われている。

実験参加者は中国企業に勤める社員たちで、彼らはプロジェクトの同僚がミスをしてチームに迷惑をかけたというケースについて考えるよう求められた。この同僚は謝罪して「二度と同じミスはしない」と誓い、お詫びの印として他の同僚たちを夕食に招待した。

その後のこの社員の行動について、2つの異なる筋書きが作られ、参加者はそのどちらかの情報を与えられた。一方の筋書きは、その後の数カ月間、この社員は約束を守って堅実に役割をこなしていたというもの、他方は、この社員がまた同じミスをしでかしたというものである。

この研究によると、図16に示すように、約束を守って行動改善した社員に対しては、事件直後（時期1）よりも数カ月後（時期2）のほうが他の社員たちの信頼は高まったが、行動改善が見られなかった社員に対しては、逆に信頼が低下したのである。

この結果は、謝罪の効用（この場合は「信頼」）が、その後の違反者の行動によって、大きくなることもあれば、小さくなることもあるということを示している。

違反者が約束通り、行動改善を実行した場合には、違反者に対する他の人たちの信頼は強まる。しかし、行動改善しなかった違反者に対しては、周囲の人々は信頼を低下させ、謝罪の効用を取り上げてしまう。それゆえ、違反者は謝罪をするだけでなく、その後の行

[図 16] 謝罪後の言行一致・不一致と信頼度の変化

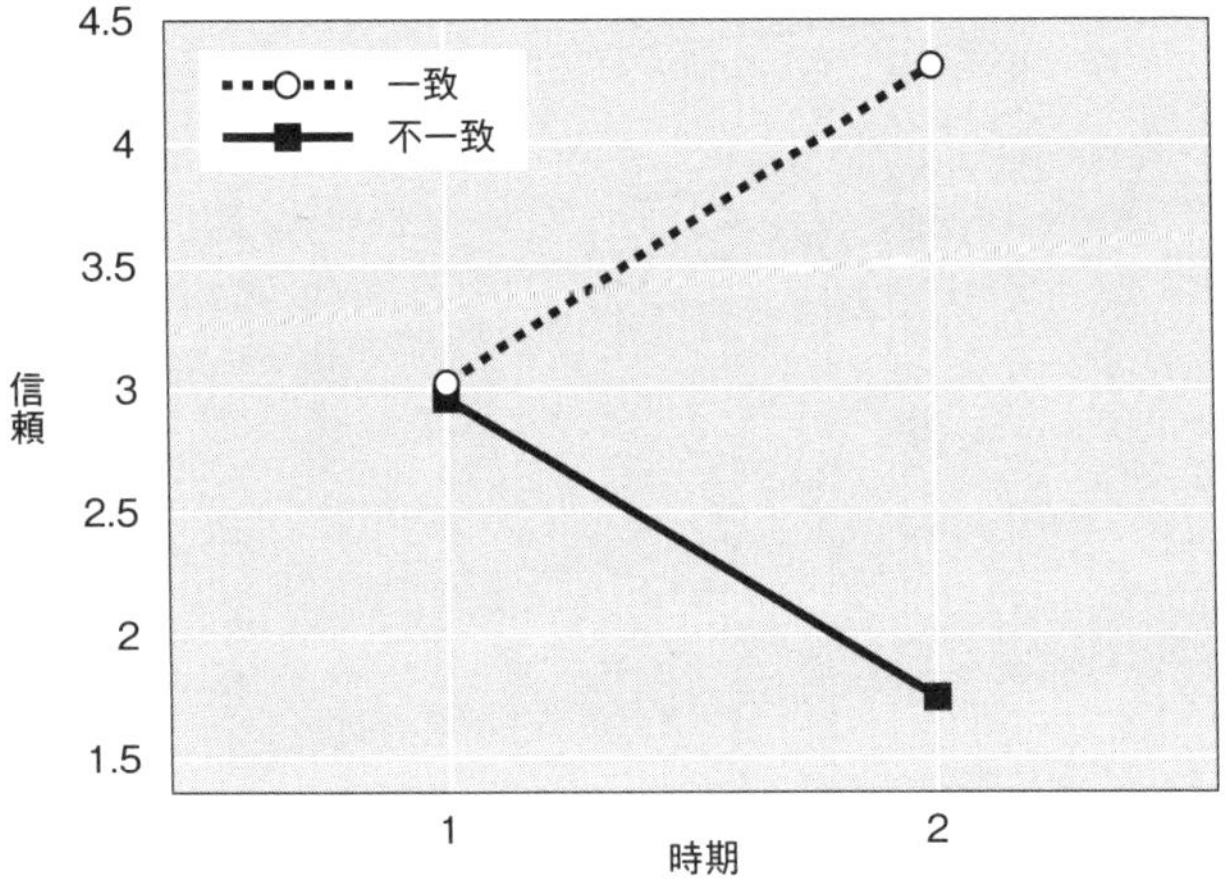

(Hui et al., 2011)

動改善にも努力しなければ、信頼回復は不可能なのである。

このことを考えるうえで、最初の違反と謝罪後の違反とは性質が異なる点に注意が必要である。先のキム教授たちの研究が示唆するように、仮に一回目の違反行為が能力不足による違反の場合には、謝罪によって信頼回復が可能である。

しかし、謝罪によって行動改善を約束したあとでの違反は、他の人たちとの約束を破ったという意味で、倫理違反の意味合いが出てくる。倫理違反で信頼回復が難しいのはすでに述べたとおりで、このために、信頼低下につながったものと思われる。

二度三度と言行不一致が続くなら、誰も信用しなくなるのは謝罪に限らない。嘘をついたとみなされると倫理性が欠如していると判断され、そうなると、もはやどんな釈明も通用しなくなるであろう。会社でも学校でも家庭でも、それは同じである。

キム教授は倫理性に問題があると疑われると謝罪の効用がはたらかないのは、良い情報よりも悪い情報が重視されるからだと説明した。でも私は、倫理的な不祥事は、当事者の人格的欠陥を感じさせるからではないかとも思う。

謝罪は被害者への労り、悔恨、改善の誓いなどのメッセージを含んでおり、それらは額面通りに受け止められて、初めて相手の心を動かすことができる。しかし、その人物が自己中心的だとか、意地悪だとか、もし人格的な歪《ゆが》みを持っていると思われたなら、どうなるであろうか。

恐らく、その人が発するどんな友好的メッセージも、額面通りには受け取られなくなるに違いない。労りや悔恨の言葉を聞いても「本心からだろうか」と疑われ、改善を誓っても「口先だけの、その場逃れではないか」と割り引いて受け取られる。つまり、倫理的な不祥事は人格的欠陥を感じさせ、この人は私たちとは違う種類の人間であるという印象を周囲に与えてしまうのではないであろうか。

そうなれば、どんな謝罪表現を用いても、被害者の感情を和らげたり、加害者の印象を改善したりできなくなると思われる。その結果、信頼の回復と人間関係の修復、罰の軽減など、謝罪によって加害者が得られるはずだった効用も小さくなるのであろう。

それゆえ、負事象との関連が疑われた際、信頼を回復したいなら、どの釈明を用いるかにかかわらず、まず倫理性に問題があると思われないような行動を心掛けることが肝心であろう。

5——謝罪を受け入れる人、受け入れない人

謝罪を受け入れる側の心理

４章では謝罪がもたらす効用について論じたが、謝罪が効果を発揮するかどうかは、謝罪を受ける側の気持ち次第である。だからこそ、謝罪の効用の仕組みを理解するには、謝罪を受ける側の心理を分析する必要がある。

その出発点として、私たちの社会生活の基本にある人間関係と信頼という問題について考察してみよう。謝罪の機能は、先述したように「信頼」と密接な関わりを持っているか

らである。

社会生活において信用と信頼は欠かすことができない。家庭生活、友達付き合い、近所付き合いもそうだが、とりわけ職業生活は信用と信頼の上に成り立っている。謝罪は、社会生活を営む上で不可欠な人との信頼が壊れそうになったとき、これを修復するという重要な機能を持っているが、その仕組みは複雑である。

謝罪を受ける側の心理を理解するために、まず、信頼とは何かということについて検討してみる。

ビジネスにおいて「信頼」が果たす役割

その場でモノとモノとを直接やりとりする物々交換の時代はともかく、現代の商取引のほとんどは、規模の大小にかかわらず、将来の約束に基づいて行われている。契約という言葉自体が約束を意味するものだし、会社同士の取引を見ていると、そのほとんどが資材やサービスを先に受けて、支払いは後日という方法を取っている。近代のビジネスのほとんどは、信用と信頼の上に成り立っている。これが一般的だからこそ、逆手に取った詐欺も現れる。

社員たちの仕事もお互いの信用と信頼に基づいている。会社内のほとんどの仕事は協働やチーム作業で進められる。自営業は別にして、会社組織では、ひとつの仕事が完結するまで、すべての作業を一人で処理することはほとんどなく、仕事の成否は、関与した社員たちの協働の産物である。その意味では、個人の業績と評価の査定も、多少なりとも同僚たちのはたらきに依存している。

チームのメンバーが協力して進めてきた重要なプロジェクトが、一人のミスでだめになるということがある。そういうミスを根絶するために、プロジェクトの全側面を常に全員で、あるいは少なくとも複数でチェックし合うやり方もあるが、これではあまりに効率が悪く、チーム作業の利点を十分に生かすことができないであろう。

チームの良さを生かす最良の方法は、メンバーがそれぞれの役割を分担し、各自が責任を持って自分の職務を確実に遂行することである。こうした点でも信用と信頼は不可欠である。

チーム作業において個人の能力を最大限に引き出すためには、それぞれに任せるところが必要である。人に命令された通りに作業をこなすだけでは、個人の技能向上はない。創意工夫によって個人の力量も伸びていくものだから、各自が期待に応えて自分の良い面を発揮するなら、チームは最高のパフォーマンスを発揮するであろう。

つまり、信用と信頼は、現代の複雑化したビジネスには不可欠なものである。さらに、チーム作業の効率性と個人の潜在能力を引き出すという点でも信用と信頼は、重要なものであるといえよう。

信頼があるからこそ任せられる

信頼とは、端的に言えば、協働に伴うリスクを引き受けること、被害を受ける可能性があることを承知の上で、相手に何かを任せることである。心理学では信頼を「相手の意思と行動に対する正の期待に基づいて、リスクを受け入れること」と定義している。ここには、決意と信念という2つの要素が含まれている。

まず決意とは、任せた結果、自分が何か被害を受けることになったとしても、それを甘んじて受けようと覚悟することである。危険があることを承知の上で、相手に任せるという決断である。こうした決断をするには、リスクは小さいと判断できる根拠が必要だが、それが相手に対する信念である。

信念には二種類ある。ひとつは相手が期待に応えるだけの能力があると信じること、もうひとつは、相手が善意に基づいて行動してくれると信じることである。決断の根拠になる信念とはこのように、相手の能力に対する期待と、善意（倫理性）に対する期待との二種類から成っている。この点は、前章で論じたように、謝罪の効果を左右する重要なポイントでもある。

信頼の要素を理解するための格好の例は、新入社員教育である。入社したばかりの新入社員には指導員がつきっきりで仕事を教え、先輩の後について見習いをさせる。初めから彼らに大切な仕事を任せる職場はないであろう。

それは、彼らにはまだ社員としての信頼がおけないからである。第一に、経験もない彼らに、仕事を適切に処理する能力があるとは期待できない。第二に、入社後まもない時期では、その人が真面目で責任感があるかどうかなど倫理面での評価もできていない。

このように二種類の期待信念を形成するまでに至っていないから、会社は普通、新入社員に大切な仕事を任せるという決断はしないものである。

新入社員が先輩たちから信頼を得るには、一定の時間が必要になる。通常の人間関係でも、人から信頼を得るには、たいていの場合、長期にわたる付き合いが必要である。これまで付き合いがなかった初対面の人でも信頼するということはあり得るが、一般的に信頼は、長期的な付き合いの中で築かれる。

長い付き合いを通して、人々は相手が信頼に足る能力と倫理性を持っていることを確信するようになるが、それは互いに相手から信頼を得ようと努力した結果でもある。役割をきちんとやり遂げるよう気を抜かないとか、できなかったことがあったら反省して次回に備えるとか、技能と心構えを磨くことによって、相手からの信頼が高まっていく。

そしてやがて、「そろそろ一人でやらせてみようか」と周囲に思われるようになり、それに応えることによって一人前の社員としての信頼が社内で形成されていくのである。

しかし、もともとその会社で長く働き続ける気がないなら、何かを頼まれても一生懸命やろうとは思わない（倫理性が低い）ので、ずさんな結果になりがちであろう。それに、自分の能力を磨こうと研鑽に励むこともないので、いつまでたっても一人前の技能を身につけることもできない。

このように、社会的関係を維持するための意欲が低いと、倫理面でも能力面でも、周囲の人たちから信頼を得られるようには、なかなかなれないであろう。

また、会社や地域での信頼を一度形成したら、それが永遠に続くというものでもない。ベテラン社員でも、たとえば、重要な会合を忘れたり、重大な設計ミスをしたりすれば、その人に対する信頼は揺らぐ。その結果、周囲からの敬意が失われ、ベテラン社員であっても「あいつは使えないやつだ」と軽視され、会社の評価査定にまで響いたりする。

だからこそ、どんなベテラン社員であっても、他の人たちからの信頼を損ねないよう常に努力しているのである。

信頼と期待の関係

信頼には相手に対する期待が含まれているが、期待は、どのようにして形成されるのであろうか。それは、相手が過去にどんなことをしたか、どんな状況でどう振る舞ったかなど過去の事例データに基づいている。

しかし、人間はコンピューターのように、多くの事例データをそのまま機械的に保持しているわけではない。私たちは、そうした事例の観察を通して、相手の人物像をイメージ（心理学では「認知スキーマ」という）として形成する。

たとえば、ある同僚に対して「熱血漢」「責任感が強い」、あるいは「経験豊富な古参兵」「有能なエキスパート」などの良いイメージを抱いているなら、重要な仕事で協力を依頼したり、難しい問題が起こったりしたときに相談しようという気になる。

一方、そうした良いイメージがない相手には、重要な事柄で何かを任せたり、依頼したりしようとは思わないであろう。

仕事の上で信用があるということは、多くの場合、周りの人たちから良いイメージを抱かれていることを意味する。責任のある役割を任され、一人前の会社員として仕事をするためには信頼は必須なので、人々は社内で肯定的な人物イメージ（人物像）を形成・維持するために普段から気を遣い、努力している。

言い換えると、人々は常に自分が人からどう見られているかを気にかけ、人に良い印象を与えるように努力している。

こうした印象動機がはたらくのは職場だけではない。友人同士、恋人同士、あるいは近所付き合いなど、多くの人付き合いの中ではたらいている。信頼は、人の心の中に形成される肯定的イメージだからである。

周囲の目を気にするのは思春期の若者だけのように思われているが、実は、どの年代の男性も女性も、人前で好ましい人物像を演じようと努めているものである。仕事をするときも、勉強をするときも、家事をするときも、周囲の目があるところでは、ほとんどの人が、勝手気ままに振る舞うようなことをしない。強弱の差はあれ、こうした印象に対する関心を失うことはほとんどない。

とりわけ、信頼を得ることが必須ともいえる仕事の場面では、どのように見られるかが誰にとっても重要な関心事である。

火のないところに煙は立たない

私たちの認識は、外部からの情報によって、いともたやすく変化し、信頼を左右してしまうことがある。

たとえば、私たちは毎日、テレビや新聞で多くの情報に接するが、基本的にはそれらを真実として受け取る傾向がある。東京で深夜に強盗殺人事件があったと聞けば、「大都市は気をつけなければ」と思い、ヨーロッパで経済危機が起きたと聞けば、「日本に悪影響がなければいいが」と心配する。私たちはそうしたニュースを基本的には信頼し、「本当だろうか」といちいち疑うことをしない。

それは報道機関が信頼されているからだともいえるが、ツイッターやフェイスブックなどのSNSをはじめとする非公式のメディアで飛び交う情報ですら多くの人に影響を与え、時には暴動を引き起こすなど重大な社会的帰結をもたらすことがある。なぜ人は、そうした根拠のはっきりしない情報を信じてしまうのだろう。

一般には、人間は新しい情報に接すると、内容を理解し、その信憑性を吟味し、その後、その情報を信じるかどうかを決定すると考えられている。ところが心理学者によると、実際にはそうではなく、情報の信憑性を吟味する前に、まずいったんそれを信用してしまうというのである。

ある情報が何を意味するのか、その内容を理解すると、我々はいったんそれを受け入れ、信じてしまう傾向がある。もちろん、多くの人は、その後で情報の吟味を行い、誤っていることがわかれば信頼の範囲からそれを排除するのだが、その情報の真偽を自分で確かめようと思っても容易ではないことのほうが多い。

東京の強盗事件にしろ、ヨーロッパの経済危機にしろ、それが本当かどうかを確かめようとすれば、いろいろなメディアを探索したり、他の人から意見を聞いたりするなどして、情報が確かかどうかを確認しなければならない。自分にとって関連のある重要な情報であれば、その苦労を厭《いと》わないであろうが、たいていの人は、そうでない事柄についていちいちそうした面倒な作業はしない。その結果、多くの新情報は、真偽確認されることなく、私たちの記憶に信憑性のあるものとして蓄えられていく。

新情報もいったんは受け入れるという人間の認識の仕組みを人物に当てはめてみると、その好例として噂話を挙げることができる。

社内で他人の噂話を聞くと、「単なる噂であって、真実とは限らない」と思いながらも、噂の本人に対する見方が変わることがある。

遠目にしか見たことがないある部長は、平凡な中年男性だが、実は社内で大きな影響力を持っているらしいという噂を聞くと、風采の上がらないその姿の背後に、パワーを秘めたやり手の顔が隠れているように見えてくる。ある男性課長はきまじめな人で、清潔感を感じさせる人だったが、この人が以前、社内で女性問題を起こして叱責を受けたことがあるらしいという噂を聞いてからは、何となく、だらしのない汚れた印象を持つようになる。

こうした噂話が人の認識に与える影響は軽視できない。ニュースの例と同様、私たちはそうした噂が真実であるかどうかをいちいち確かめようとせず、かといって根も葉もないでたらめだと一蹴することもない。「火のないところに煙は立たない」ということわざがあるように、半信半疑ながらも噂に影響され、渦中の人物像が変わってくる。実際には、「火のないところに煙が立つ」ことがあるにもかかわらず、である。

噂話ですらそうなのだから、実際にあった出来事の影響力はもっと大きい。だからこそ人は、そうした周囲のネガティブな認識を修正するために、懸命のはたらきかけをする。そして、自己の人物像を守り、信頼を回復するために行われる行動が、謝罪などの釈明行動なのである。

寛容性の違いで、釈明の効果も異なる

正当化や否認などの釈明に比べて、謝罪は一般的に受け手から好意的に受け止められるが、謝罪を受けても、許す人と許さない人とがいる。この違いは、どこから生じるのであろう。

謝罪を受け入れるのは寛容な人に多い。寛容であるということには、2つの意味がある。ひとつは、人の過ちを許せるという意味、もうひとつは、自分と違う人（意見、価値観、民族など）を受け入れられるという意味である。これら2つは関連していると思われるが、ここでは、人の過ちを許せるという意味での寛容について見てみよう。

他人の失敗を許せる寛容性を、その人がどの程度持っているかを調べる心理テストがある。表2は、米国オクラホマ大学のライアン・ブラウン教授が作った比較的簡便なテストである。

このテストは、寛容傾向と寛容性に対する態度の二側面をはかるものだが、前者は、被害を受けたときに自分が相手を許せるかどうか、特に、何としても仕返ししたいという強い報復心を持つことがないかどうかを調べるものである。これに対し後者は、自分が寛容になれるかどうかは別にして、寛容性は美徳で、寛容な人は立派な人間であるなど、寛容性に高い価値を置くかどうかを調べるものである。

[表2] ブラウンの寛容性尺度

寛容傾向（TTF）
①感情を傷つけられることがあっても、私の場合、尾を引かず、すぐに回復する。
②嫌なことをされると、私はいつまでも忘れられず、繰り返し考える。（逆転）
③私は、恨みを抱き続ける傾向がある。（逆転）
④嫌なことをされたら、許して忘れるのが私の主義である。
寛容性に対する態度（ATF）
①寛容であることは、美徳だと思う。
②慈悲よりも正義の方が大切である。（逆転）
③寛容な人は尊敬する。
④私を傷つけた人が他の人たちから嫌われるのは当然だと思う。（逆転）
⑤寛容であることは弱さの表れである。（逆転）
⑥嫌な出来事をいつまでも引きずらないよう心がけるべきである。

（Brown, 2003）

両者の間に弱い関係はあるが（相関係数r=.33）、必ずしも重なるものではない。つまり、寛容性は大切だと思っている（ATFで測定される）人でも、実際に人を許せるか（TTFで測定される）どうかとなると、必ずしもそうではないことがあると言える。

ブラウン教授らはオクラホマ大学の大学生たちに、過去3年間で自分が他人から受けた被害を思い出すよう求め、このとき加害者を許したかどうかをたずねた。一方、表のTTFを使って大学生たちの寛容傾向を調べ、その出来事に対する彼らの反応を比較した。

この研究結果（図17）によると、寛容傾向の高い学生たちは、被害が小さい場合も大きい場合も、ともに相手を許すことが多かった。しかし、寛容傾向の高い学生と低い学生との違いは、被害が大きいときに顕著になった。寛容傾向の低い学生は、被害が小さいときには許しても、被害が大きいときには絶対許さないと態度を硬化させたのである。

さらに、この出来事の中で加害者が謝罪したときには、たいていの学生たちが加害者を許す気持ちを強めたが、このときも寛容傾向の高い学生ほど相手を許すことが多かった。つまり、いずれのタイプの人に対しても、謝罪は一定の効用があることが認められたが、相手が寛容傾向の低い人であれば、被害の程度によっては、その効用を十分に発揮できない場合があると考えられる。

［図17］寛容傾向と加害者に対する許しの反応

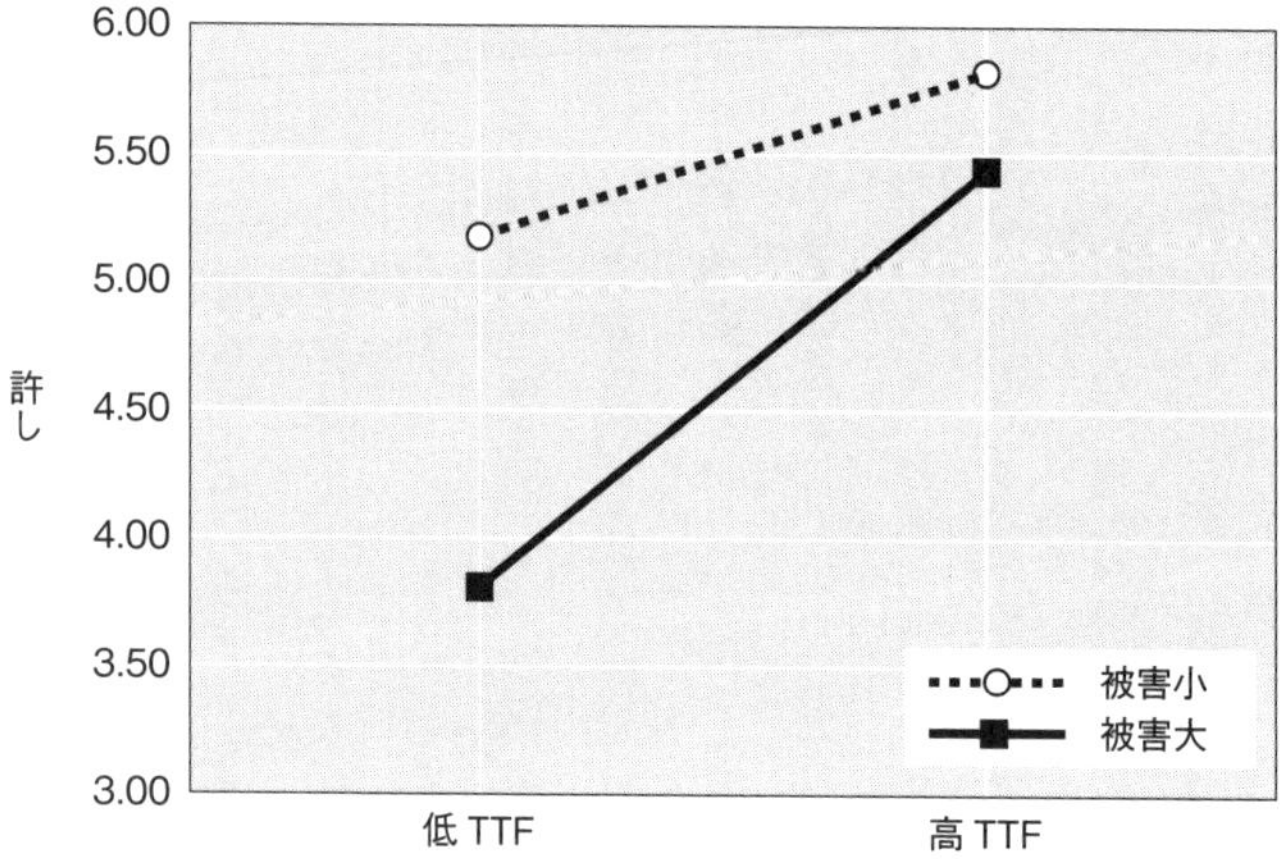

（Brown et al., 2005）

自己愛の強い人は、謝罪を受け入れない

世の中には「ナルシスト」と呼ばれる人たちがいる。気位が高く、自分が特別な存在であるかのように振る舞い、自信過剰な言動や自画自賛が目立つ人たちである。

心理学者は、こうしたナルシスト（自己愛者ともいう）たちは、表面的な強い自負心とは裏腹に、内心では不安を抱えていることが多いと指摘する。つまり、自分が本当は無能で魅力がないのではないかという不安を抱き、それを押さえ込むようにして彼らは過剰に自己愛的に振る舞うというのである。

そのことを感じさせる例のひとつに、彼らが人から非難されたり疑問を向けられたりしたときに見せる激しい反発がある。彼らは、ほんの些細な不同意に対しても、それを自分に対する侮辱と受け止めて激しく反発し、過剰なまでに攻撃的になることがある。本当に自信のある人なら、人から多少の批判を受けても動じないであろう。自己愛者は内心では自信がないために、相手の言動によって簡単にプライドが傷つき、その結果、感情的にな

ってしまうのである。

このように、自己愛者の特徴は、プライドが高いとともに、脆弱さを合わせ持つことで、このため彼らは、人と対立したとき、自分のプライドを守ろうとして防衛的な姿勢を取りやすい。自己愛者に関する研究をみても、彼らが人から被害を受けたときは、相手を許そうとしないことが確認されている。

たとえば、米国ケース・ウェスタン・リザーブ大学のジュリー・エクスライン教授らは、NPIという心理テストを用いて大学生たちの自己愛傾向を測定し、さらに、彼らに人から被害を受けた出来事を想起させて、そのときに自分がどう対応したかを回答させた。

その結果、自己愛傾向の強い学生ほど加害者を許すことが少なく、それは加害者が謝罪をしても同様だった。自己愛が強い人は謝罪を受け入れようとせず、謝罪した人を許さず、厳しく罰しようとしたのである。

自己愛者のこうした厳罰傾向は、そのプライドの高さと脆弱さに由来する。人から批判されたり、期待はずれな待遇を受けたりすると、彼らのプライドは大きく傷つき、そのことで彼らは激しい怒りを感じる。相手の立場や事情を思いやる心の余裕を失ってしまうので、謝罪の言葉が彼らの心には届かない。ただ、傷ついた自分のプライドを回復することだけが関心事となり、その結果、一方的な攻撃心に駆り立てられると考えられる。

人間関係の安定した人たちは、謝罪を受け入れる

謝罪を受け入れない人たちは、自己愛者に典型的に見られるように、自分のプライドを守るために汲々としている、常に自分と他人とを比較して張り合おうとする、あるいは人から危害を受けるのではないかという猜疑心を持っている。こうした人たちは、他人と対立すると自己防衛心が強まり、相手を思いやったり、理解しようとしたりする心の余裕を持てなくなる。

それに対し寛容な人たちは、対人関係も安定している。彼らは他の人たちから脅威を感じることがなく、不要な競争心も猜疑心も持つことはないので、偏りのない公平な気持ちで人に接することができる。近年、心理学者たちは、こうした対人的安定性を「アタッチメント」という観点から分析している。

アタッチメントとは、もともと親子関係について研究されてきたテーマである。幼児は

母親に強い愛着を持ち、常に母親のそばにいようとする。彼らは初対面の人に会うと不安（人見知り）を抱き、母親にしがみつく。しかし、母親との接触によって不安が鎮まると、その人物に対する恐れや警戒心が弱まり、次には好奇心が勝って、自らこの人物に関わっていくようになる。

このように、母親は幼児が初対面の人に対して経験するストレスを緩和させ、不安を持たずに社会的交流に参加していくことを促している。心理学者たちは、この場合の母親のような愛着対象を「心の安全基地」と呼び、安定した愛着関係は子どもの社会性の発達の基礎になるとみなしてきた。

近年、同じ心理的メカニズムが大人にもあるのではないかと考えられるようになってきた。家族や恋人など大人にも愛着対象はある。いつも一緒にいたいと思う人、離れると寂しいと思う人がいる。大人もまた、辛いことやストレスを経験すると、そうした愛着対象と接触し、「心の安全基地」での癒しを求める。それは、人々の苦悩や不安を鎮め、困難に立ち向かう気力を与えてくれる。愛着対象は、大人にとっても、ストレス対処のための拠り所になっている。

イスラエルのバル・イラン大学のマリオ・ミクリンサー教授は、こうした心の働きを

「自己拡張機能」と呼ぶ。ストレスは心を萎縮させ、周囲に対する猜疑心と自信喪失をもたらすが、愛着対象との接触は、ストレスを緩和し、他者と自分に対する信頼感を回復させ、トラブルに対して建設的に対処することを可能にする。

こうした愛着対象のストレス軽減効果は、直接的接触だけでもたらされるものではない。愛着対象の写真を見たり、顔や姿を思い浮かべたり、その名前を呟いたりすることにも類似の効果がある。多くの人が家族や恋人の写真をスマートフォンなどに入れて持ち歩いたり、指輪や贈り物など、その存在を実感できるような記念品を身近に置いたりするのは、それらがもたらすストレス軽減効果を、理屈はともあれ、経験的に知っているからであろう。

アタッチメントは成人の場合、家族や恋人など親密な他者を対象に形成されるものだが、その安定度には個人差がある。もし、こちらが弱っているときには相手が慰めてくれるだろうと確信し、その愛着対象と接触して素直に甘えることができる人は、安定型アタッチメントの人である。

一方で、相手が応えてくれるかどうか確信が持てず、拒否されたり、捨てられたりするのではないかという不安を抱き、素直に甘えることができない不安型アタッチメントの人もいる。さらに、人と親密になることは自分の自由、自律性、プライバシーを損なうことだと感じて、親密な相手に対しても距離を置こうとする回避型アタッチメントの人もいる。

こうしたアタッチメント・スタイルは、寛容性や謝罪に対する反応に違いをもたらす。米国テネシー大学のキャスリン・ローラー゠ロー教授が大学生のアタッチメント・スタイルを調べたところ、約半数は安定型、残り半数が非安定型（不安、回避など）と判定された。

この調査で大学生たちは、親、親友、恋人など親密な人から裏切られた経験を想起するよう求められ、その出来事についてインタビューを受けた。その場合の反応を分析すると、図18に示すように、全体としては、友人や恋人の裏切りよりも、親の裏切りをより許していたが、相手が誰であっても、アタッチメント安定型の学生のほうが、非安定型の学生よりも寛容性が高かった。これは、アタッチメントが安定した人たちのほうが、謝罪に対して好意的に反応することを示している。

ローラー゠ロー教授は、アタッチメント安定型の人はストレス耐性が強いので、人から裏切られたという事態に遭遇して怒りや不安を抱いても、すぐに感情的動揺から回復するのであろうと解釈している。また、自己と他者に対して強い信頼を持っているので、不必要に悲観的になったり、猜疑心にとらわれたりすることがないと考えられる。

[図18] アタッチメント・スタイルと寛容性

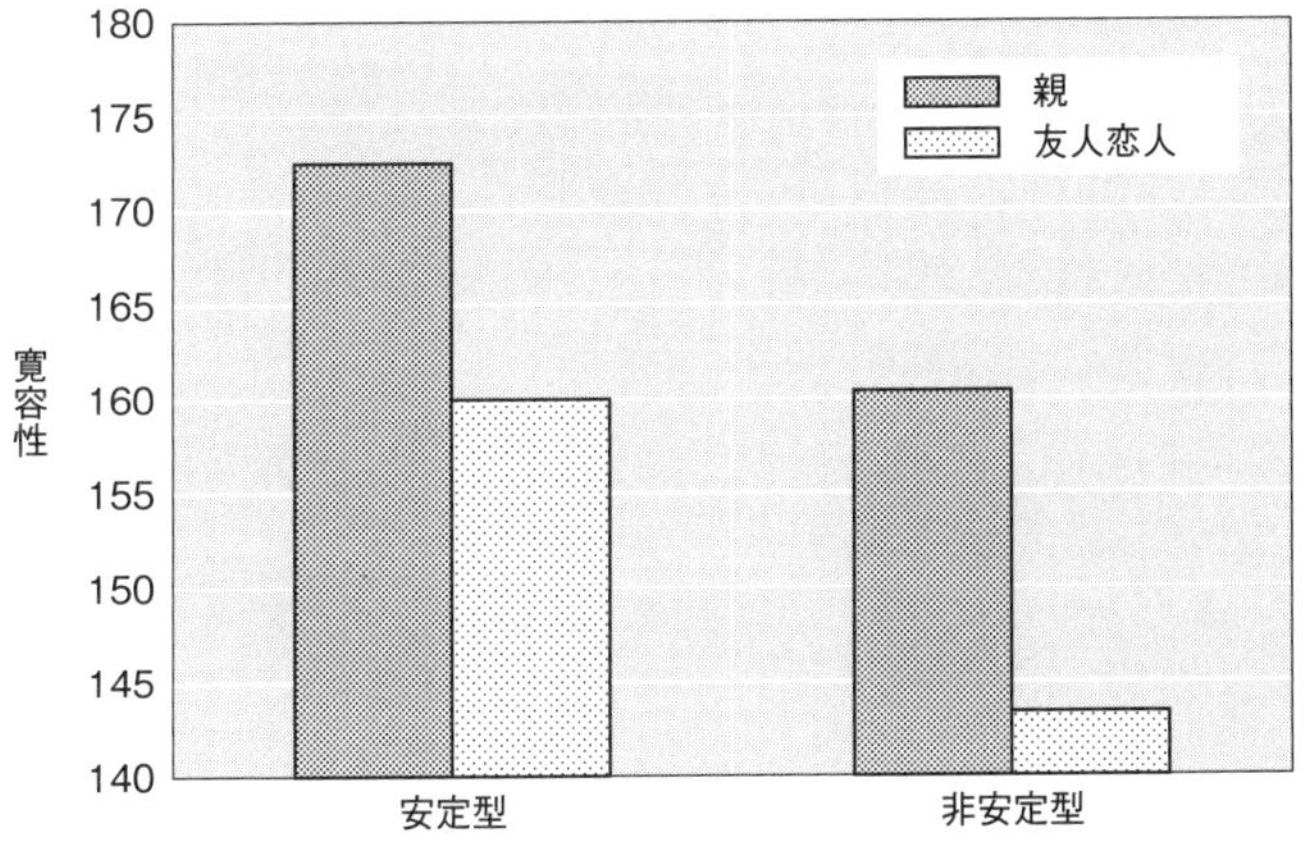

(Lawler-Row et al., 2006)

だから彼らは寛容になれる。つまり、このアタッチメント安定型の人は、その負事象が、自分たちの人間関係を危うくするような深刻な問題だとは考えず、相手を信頼して建設的に対処することができるのである。

親密な人たちとの間で安定した人間関係を形成している人々は、感情面でも安定しているために、親密な人だけでなく、他の人たちに対しても信頼感を向け、寛容であると、心理学者たちは考えている。

前述したように、謝罪を受けた人が相手を許すかどうかは、その人の性格にも大きく関係している。次章では、その点について、さらに考察してみよう。

6——謝らない人、謝ろうとしない人

謝罪する傾向が強いか弱いかを知る

信頼が損なわれそうな事態に遭遇したとき、信頼を維持し回復する上で、謝罪はかなり効果的な方法である。社会経験からだけでなく、科学的な研究でもその効用は認められている。

もちろん、正当化や弁解など責任を否定する釈明のほうが効果的な場面もある。酌量すべき事情が存在するとか、正当性を担保する証拠がある場合などである。しかし、必ずしもそれらが他の人から妥当なものと認められるとは限らない。社会生活の中で起こることは、噂話のように、客観的に事実を証明できないことが多い。そうした曖昧な状況で責任を否定するような釈明をするにはリスクが伴う。たとえ自分は悪くないと思っていても、謝罪するほうが信頼修復という目的からすると安全策ともいえる。

これまで何度も論じてきた通り、日本人はリスクを避ける傾向が強く、信頼関係の維持をことのほか重視するため、安全策である謝罪を好む傾向がある。また、日本人は自分が謝罪するだけでなく、人から被害を受けたときにも謝罪を強く期待する。

その心理的背景には、人から「尊重されたい、大切にされたい」という日本人の対人欲求がある。謝罪傾向の強い日本社会では、謝罪は人々の間で頻繁に行われる。人に何かを頼むとき、あるいは人から便宜を受けたとき、欧米人なら「よろしく」とか「ありがとう」とか言う場面でも「すみません」と謝ることにも、日本人の謝罪傾向があらわれている。

しかし、謝罪文化の強い日本でも、簡単には謝ろうとしない人たちがいる。客観的な根拠があって責任を否定するのならいいが、そうでない場合、こうした人たちは、いたずらにトラブルを長引かせ、他の人たちから反感と不信感を買うことになりかねない。それでも、彼らはなぜ謝らないのだろうか。本章では、謝るべきときにも謝ることができない人たちについて考えてみよう。

謝罪傾向の個人差をはかる心理テストがいくつか作られている。カナダのアルバータ州にあるグラント・マキュアン大学のアンドリュー・ホーウェル准教授らが作成した謝罪傾向尺度（ＰＡＭ）は表３に示す８つの質問項目から成っているが、「いいえ」と答える数が多ければ多いほど謝罪傾向の強さを表す。反対に、「はい」と答えるほうが多ければ、非謝罪傾向が強いことを表す。この心理テストは、謝罪したがらない人を見つけるのに適している。

各質問は、謝罪したがらない理由を示しているので、その内容を見れば、どのような人が謝罪をしたがらないかイメージすることができる。たとえば、「人に迷惑をかけてもあまり悪いことだとは感じない」と思っていたり、「謝ることは弱みを見せることだ」と思ったりしていれば、謝罪したがらない人たちに分類されるであろう。

［表3］謝罪傾向尺度

1．人に迷惑をかけたとしても、たいしたことではないと思って、謝らないことが多い。
2．罪を認めるとかえって問題がこじれるので、謝罪はしない。
3．自分のしたことを誰も知らないのであれば、謝ろうとは思わない。
4．自分のやりたいようにするだけなので、謝ることを考えない。
5．自分を弱虫とは思いたくないので、謝ることはしない。
6．自分が悪いことを認めたくないので、謝ることはあまりしない。
7．相手に優越感を持たせてしまうので、謝りたくはない。
8．腹が立っているときは、謝る気になれない。

（PAM：Howell et al., 2011）

自己中心的な人は、責任を否定する傾向がある

釈明が必要な状況というのは、ほとんど常に、当事者（加害者）の利害が脅かされる場面であるといっていいであろう。失敗やミス（負事象）に対して責任を認めるなら、賠償という金銭的な負担が生じる可能性があるし、そうではなくとも、体面や名誉が傷つけられる恐れがある。

そうした場面で、自分の利益を守りたいという気持ちが強くはたらく人は、「自分は知らない」「自分のせいではない」という責任否定的な釈明をするであろう。

しかし、特に酌量事情がない状況で、衝動のまま不用意に責任否定的な発言をすると、「無責任」「嘘つき」「身勝手」などの反発を招いて、期待とは裏腹に、自己利益がいっそう危うくなる。そこで多くの人は、状況を冷静に分析し、他の人たちの反応を予測しながら、責任を否定するような釈明が通用するかどうかを判断する。そして、それが難しいと思えば、責任否定の衝動を抑えて、謝罪を選択する方向へと進むのである。

しかし、なかにはこうした冷静で賢明な対処が取れない人たちもいる。その典型は、衝

動に流されやすい人たちで、心理学者は「低自己統制者」と呼んでいる。

自己統制、あるいはセルフ・コントロールとは、自分の感情や欲望を抑える心のはたらきを指す。マイナスの事態への関与が疑われ、批判の対象になると、多くの人が不安に駆られて逃げ出したくなったり、逆に怒りがこみ上げて反発したくなったりする。

こうした感情に支配されて行動すると、不適切な対応になることが多い。また、自分の利益を守りたいという願望が強まり、それを抑えることができないと、顰蹙《ひんしゅく》を買うような言動をしてしまいがちである。

こうした感情や欲望を抑えるのがセルフ・コントロールで、それができると、先々のことを考えたり、他の人の気持ちを考慮して対応を練ったりすることができるようになる。釈明が求められる状況では、失敗すると、長年にわたって作り上げてきた信用が台無しになることもあるため、特に慎重な対応が求められる。

しかし、セルフ・コントロールが不十分な人、つまり低自己統制者は、自分の言動が周囲にどんな影響を及ぼすのか、それが自分にどのように跳ね返ってくるかなどを考慮することが少ないため、感情や欲望に押し流されて衝動的に行動してしまうことがある。

謝罪できない人たちのなかには、セルフ・コントロールの弱い人たちがいる。彼らは、自分の損得しか眼中になく、後先を考えることがない。それが、衝動的に「そんなことは知らない」とか「自分のせいではない」とか責任否定的な釈明をしてしまう原因である。その結果、「あの人のいうことは信用できない」と思われ、ますます他の人たちからの信頼を失っていく。

米国オクラホマ大学のハロルド・グラスミック教授らは、低自己統制尺度を測定する心理テストを作っている。このテストは25個の質問項目から成っているが、ここでは、その半分程度を抜粋してみた。

これらの項目を見ると、セルフ・コントロールの弱い人たちの特徴をイメージすることができる。それは「深く考えず、衝動的に行動する」「面倒なことは嫌い」「じっとしているのが苦手で、スリルや興奮を求める」「自己中心的で人の都合を考えない」「すぐかっとなる」などである。

もちろん、こうした特徴をすべて持つ、全くセルフ・コントロールができない人というのは少数だろうけれど、こうした特徴をいくつか持つ人たちは相当な数がいるだろう。そういう人たちは、謝罪という熟慮を要する対応が苦手な人たちと言えよう。

［表４］低自己統制尺度の項目例

1．私は、何の考えもなしに思いつきで行動をすることがあった。
2．私は、先のことは考えず、目先の楽しいことにはまった。
3．私は、物事がややこしくなってくると、投げ出す傾向があった。
4．私は、一生懸命に努力しないとできないような課題は嫌いだった。
5．私は時々、スリルを求めて危ないことをした。
6．私は、トラブルに巻き込まれるとアツくなった。
7．私はどちらかというと、何か考え事をしているよりも体を動かしている方が好きだった。
8．私は、同年代の人よりもエネルギッシュだった。
9．私は、他人が困るとわかっていても、自分のしたいことをした。
10．私がしたことで他の人が困っていたとしても、それは彼らの問題であって、自分の問題ではないと思っていた。
11．私は、すぐにかっとなる方だった。
12．私は、誰かと意見が大きく違うと落ち着いて話し合うことができなくなった。

（抜粋：Grasmick et al., 1993；大渕（2006）より）

プライドの高い人は、謝罪を避ける

プライドの高い人たちも、謝罪したがらない人のタイプに入る。それは高い社会的地位にある人たち、優れた実績を上げた人たち、あるいは華麗な経歴や特別の資格をもち、自らを誇る気持ちの強い人たちだ。

謝罪は、自分の過ちを認めることであるとともに、自分の地位を下げる行為でもある。謝罪は頭を下げることだから、プライドの高い人たちは、謝罪によって生じる経済的負担もさることながら、それ以上に、人に頭を下げるのが我慢できない。

謝罪には、許しを乞うという行為が含まれる。これは自分の身を相手に委ねることであり、生きるも死ぬも相手次第という完全な依存状態に我が身を置くことである。プライドの高い人にとって、これほど屈辱的なことはないであろう。部長や課長など、他の人たちから敬意をもって遇される高い地位にあり、社員に対して、普段から命令や指示をしているような人のなかには、頭を下げることを嫌がる人がいるものだ。

客観的地位の高低だけでなく、専門的知識・技能・経験の面で強い自負心を持っている人にも似た傾向がある。そういう人たちにも、専門とする領域でミスや失敗を認めることを恥であると感じて、謝罪を拒否したり、言い訳したり（弁解）、屁理屈をこねて自分を正当化しようとしたりする傾向がある。それは、謝罪すると、自分の理想とするイメージを損なうと強く感じるからであろう。

こうしたケースで彼らが守ろうとしているのは、どのような自己イメージなのであろうか。2章の釈明選択モデルでは、「自律的人物像」と「協調的人物像」の2つのタイプで釈明の選択方法が異なると説明した。

プライドの高い人たちが維持しようとして必死になるのは、その2つのうちの「自律的人物像」のほうである。これは、有能で、優れた判断力を持つ専門家タイプ、あるいは信念と指導力を持つリーダー・タイプの人物像である。

それらの人々は、会社内でリーダーあるいは専門家としての優れた人物像を形成し、周囲から尊敬と評価を受けている。その彼らが誤りを認めることは、これまで築き上げ、維持してきた人物像を傷つけることになるので、それを避けるために責任否定的な釈明に向かうと考えられる。

しかし、高地位の人が謝罪することが、必ずしもその人物像を毀損するとは限らない。

負事象の深刻さや種類にもよるが、高地位の人が頭を下げることが好意的に受け止められることもある。誤りを誤りとして潔く認めることは、その人の能力評価を下げるどころか、むしろ人物評価を上げることだってある。

謝罪によって必ずしも高地位の人の人物像が傷つくとは限らないのだが、それでもプライドの高い人は、謝罪することに抵抗を感じてしまう。

自己愛者も、謝罪を避ける傾向がある

個人的なプライドは、高い地位にある人だけが持つものではない。それはナルシストあるいは自己愛者と呼ばれる人たちにもみられる。

ナルシストたちは、客観的地位や実力とはかけ離れた高い自尊心を持っている。時には、実績や実力がないにもかかわらず、自分には特別な能力や資質があると信じている人もいる。

米国ミネソタ州にあるベテル神学校のスティーヴン・サンデージ准教授らは、232人

の大学生に、過去1年の内に、自分のせいで起こった人間関係のトラブルを報告させ、その際、自分がどれくらい強く相手に許しを求めたかを答えさせた。同時に、自己愛を測る心理テストに回答させたところ、自己愛の強い人ほど、相手に迷惑をかけたにもかかわらず、自分から許しを求めることが少なかったという。

この研究では「許しを求めたかどうか」と聞いているが、それは「謝罪したかどうか」と同じ意味なので、サンデージ准教授らの研究結果は、自己愛者が謝罪したがらない人たちであることを意味している。

ナルシストはいくつかの特徴をもっているが、その中核は高い自尊心、あるいはプライドである。ナルシストはトラブル・メーカーになりやすいが、それは自尊心のせいではない。自尊心自体が問題なわけではない。むしろ自尊心は、誰にとってもなくてはならない有益なものでもある。

自尊心とは、自分に対する肯定的評価であり、誇りの感情である。それは、自分の価値や能力を信じることであるともいえよう。「やればきっとできる」「頑張れば道は拓ける」と自分を信じることは、ストレスに耐え、困難に立ち向かう意欲をもたらす。自尊心のない人は困難に出会うとすぐにくじけてしまい、「どうせできっこない」とあきらめてしまいがちである。自尊心は向上と達成を目指す意欲の源であるとともに、ストレス耐性を強める重要な心の働きといえる。

しかし、ナルシストのプライドは、このように建設的な働きをしない。それどころか、人間関係でトラブルを引き起こしたり、職務の妨害になったりすることがある。それは、彼らの高い自尊心が、当人の実力や実績から乖離しているせいである。実績も実力もないのに大言壮語する人は、周囲から相手にされなくなってしまう。

自慢話は一般に聞きづらいものだが、実績がある人の場合であれば我慢もできる。しかし、実績がない人の自慢話は空虚なだけで、誰も耳を貸そうとしないし、その人の言うことを誰も信用しなくなるであろう。

このように非現実的な自尊心を持つのは、他の人よりも優れた特別な人間でありたいという強い願望を持っている人たちである。

自己愛をナルシズムというが、これは水に映った自分の姿に恋をして、女性たちに見向きもしなくなったナルキッソスというギリシャ神話の青年の名前に由来する。

職場での自己賛美や自己陶酔は、同僚たちを不快にする。それはチームワークを乱すだけでなく、当人の職務成績にも有害な影響を与えることがある。自信過剰な人は必要な準備や努力を怠ることがあるし、プライドの高い人は人目を気にするあまり職務に集中できなかったりするからである。

ナルシストが職場で示す問題行動のひとつに、職務に正面から取り組むことを避けるということがある。彼らは、自信があるのに、なぜそういう回避的行動を取るのであろうか。それは、ナルシストは、自分の高い自尊心が、実力から乖離したものであることを薄々知っているからである。全力で取り組んで、もしもうまくいかなければ、自分に実力がないという事実に直面することになり、それは自分のプライドを大きく傷つけることになる。このため、彼らは回避行動をとると考えられる。

ナルシストは「自分は、本当は実力がないのではないか」という不安を内心抱えている。このため、そうした現実に直面することがないよう、実力が明らかになる場面を避けようとする。「自分は全力を出したわけではないのだから、たとえ失敗しても、それが自分の実力ではない」という言い訳をあらかじめ作っておくのである。

プライドが傷つくことを避けるために、失敗の言い訳をあらかじめ準備することを、心理学者たちは、「セルフ・ハンディキャッピング（自己ハンディ化）」と呼んでいる。

ナルシストの問題行動は、このように自信過剰、安請け合いと無責任な言動、あるいはセルフ・ハンディキャッピングなどを特徴とするが、その背景には、実力の伴わない誇大な自己イメージと、傷つきやすい過剰な自尊心とがある。

自己愛の強い人が謝罪したがらない理由をまとめると、次の2つになる。第一の理由は、失態を認めることは「何でもできる自分」という万能感を毀傷する可能性があるからである。釈明選択モデルの用語でいえば、自己愛が強い人は一般に私的責任判断が低い。つまり彼らは、相手に言い訳することがいやなのではなく、自分自身のプライドのために瑕疵を認められないのである。

第二の理由は、自分の欠点を認めることができないことである。彼らは「自分は特別だ、人よりも優れている」というプライドを持っている。謝ること、頭を下げることは自分を相手よりも低い位置に置くことなので我慢がならない。

「人は誰でも誤ることがある」「間違いを認めてやり直したらよい」と考えられればいいのだけれど、自己愛の強い人は、自分の高い自尊心が実力にそぐわないものであることを知っているからこそ、自尊心にしがみつく。

ナルシストの反応が象徴するように、謝罪したがらない人は、自分に自信のない人たちである。ミスを否認し、非難に反発する姿勢は、一見剛毅な態度に見えるが、実は内心の不安を隠そうとする反動的態度であることが多い。どのような状況であれ、何とか対処できるという自信のある人ならば、意地を張って事態を悪化させるような、愚かな方策は取らないであろう。

隠れナルシストもいる

これまでの説明を理解すれば、ナルシストに対して多くの人は、尊大で自信過剰な人を思い浮かべるだろう。しかし、内心では強い自己愛を持ちながら、それが隠されて表面に出てこない人たちもいる。

米国マサチューセッツ州にある名門女子大ウェルズリー大学に勤めるポール・ウィンク教授は、自己愛者には、誇大的自己が表に顕著に表れる顕在タイプと、背後に隠されている潜伏タイプがあると指摘した。自己愛潜伏タイプの人（隠れナルシスト）は、おとなしく控えめで、自己顕示的ではないので、一見、ナルシストには見えない。実際、傍から見ている限りでは、物静かで謙虚な人に見える。自己愛とはむしろ正反対の性格に見えると教授は言う。

しかし、深く付き合う機会を持った人は、その人の自己愛の強さに気づくようになる。その心中には固い自我、強固な自尊心が秘められている。彼らと親しく付き合った人は、胸の中に秘められた高いプライドに気づき、「おや」と思わされることがあるに違いない。彼らが控えめに振る舞っているのは、実は、自分のプライドを守るためなのである。

自己愛潜伏タイプの人は、尊大ともいえる自尊心を内に秘めており、このため、人と深く関わるとそれだけ自分の意に染まないことが増えて、自尊心が傷つけられることが多くなる。だから周囲の人と距離を置き、自尊心が傷つくような交わりを避けようとするのである。

しかし、深く交わらなくても、人付き合いをする以上、他の人の言動で自尊心が傷つけられることは避けられない。そういう状況に陥っても、自己愛潜伏タイプの人々は、不満をあからさまにせず怒りを抑えるが、内心では自分を傷つけた相手に対して恨みを抱き続ける。そうした敵意を知られないためにも、周囲の人たちから距離を置こうとするのである。

自己愛顕在タイプは、自己顕示や横柄な態度によって周りの人たちをうんざりさせるが、率直に自己愛を表現し、言動に裏表のない人たちでもあるので、子どもっぽいけれども愛すべき人たちといえる。

これに比べると自己愛潜伏タイプは、扱いにくいタイプに入るであろう。過敏で傷つきやすいので、周りの人たちは、その人たちの扱いに気を遣わざるをえない。しかし、どんなことが彼らの自尊心を傷つけるか予測がつかないため、思いがけないことで恨まれたりすることもある。周囲がいくら気を遣っても、勝手に解釈してひとりで傷ついてしまうため、防ぎようがないのも困る。

心を開いて話をしてくれれば誤解を解くチャンスもあるけれど、そうはしないので、恨みや不満は解消されないまま継続し、何となく人間関係がぎくしゃくしてしまう。そうした気遣いが面倒で周りの人が敬遠するようになると、「やっぱり自分は嫌われているんだ」と悩んでしまうという悪循環に陥ってしまう。それが隠れナルシストの特徴といえる。

他罰的な人は、責任を他の人に転嫁する

何か不都合なことが起こったときに、それを周囲のせいにする人がいる。自分の責任を認めようとはしないので、当然、謝罪をしようとはしない。

ナルシストのように、プライドを守るために「自分は悪くない」と言い張る人もいるが、なかには、本当に自分は悪くないと思い込んでいる人たちもいる。客観的に見れば責任はその人にあるのに、当人はそう思っておらず、「他の人が悪い」と頑なに信じている。

こうした人たちは、釈明選択モデルに含まれる「私的責任判断」が低いので、謝罪を選択しようという気持ちにはなれない。

ものの見方や解釈の仕方がずれていたり、偏っていたりすることを、心理学では「認知バイアス（歪みという意味の英語）」というが、ここで紹介した人々のような場合は、自分に都合よく解釈するという意味で「自益的バイアス」と呼ぶ。実は、自益的バイアスは特別なものではなく、誰にでもある普遍的な心理である。

私たちの周囲に起こる出来事のほとんどは、複数の原因が絡んで起こっており、たったひとつの原因で起こるというものはほとんどない。たとえば、路肩に停まっている自動車に後ろから別の自動車が追突したという事故では、その責任は一般的に、追突した車の運転手側にあるとされる。

しかし、法的にはどうであれ、ぶつけた側の運転手も「あんな場所に停まっていた車も悪い」と、事故の原因の一端は相手側にもあると考えることがあるし、事故調査に来た警察官にそう主張する人もいるであろう。実際、そこに車が停まっていなければ事故は起こらなかったのだから、物理的には事故の原因は両者にある。

しかし、人間の心理と行動に注目するなら、コントロール可能な立場にあった後続の車の運転手側に責任が大きいと判断される可能性が高い。

この例のように、出来事の原因は常に複数あり、そのうちどちらに主たる責任を負わせるかは社会的判断である。過去には、神とか悪霊など超自然的な力に原因を求めた時代があるし、現代でも、そうした解釈が人々に広く受け入れられている地域文化がある。

こうした事情を考えてみると、ある出来事に関して人々の間で見方が分かれるのは当然のことである。「損失を避けたい」「プライドを守りたい」という気持ちは、多かれ少なかれ誰でも持っているので、たいていの人は物事を自分に有利に見る癖がついている。事実を捻じ曲げようと意図してそうするわけではなく、半ば無意識のうちにそうしてしまうのである。

こうした自益的バイアスはほとんどの人に見られるが、その程度には個人差がある。大人になれば、たいていの人は、自分の個人的な見方とは別に、他の人からどう見られるかも考えるようになる。それによって自益的バイアスを修正したり、少なくとも人前ではそれを抑えたりするようになる。

しかし、それができない人たちもいる。たとえば、前に挙げたセルフ・コントロールのできない人がそうである。自益的バイアスは、もともと自分の利害にこだわるところから生じるので、欲望の抑えが利かない人たちは、ものの見方も自己中心的になりやすい。

他罰的な傾向のある人も、同じような反応をする。他罰傾向の人とは、相手に対して敵意や対抗心を持ちやすい人たちのことをいう。そういう人たちは、不都合なことやトラブルが起きると、誰かのせいにしようと粗捜しをし始める。

先に述べたように、どんな出来事も複数の原因の組み合わせで起こるので、その気になって探せば、人に責任を押し付ける方法を見つけることができる。たとえ自分が約束の時間を忘れていたとしても、「なぜ、教えてくれなかったのか」とか「事前に確認メールを寄越すのが常識ではないか」などと人を責める口実を見つけることは簡単である。

他罰傾向が強い人は、責任を他に転嫁するという歪んだ見方をするだけでなく、人を責めたり批判したりするなど、攻撃的な言動が見られる。いわゆるクレーマーとかモンスターといわれる人たちには、このタイプが多い。

繰り返すが、粗捜しをするつもりなら、負事象の発生に関連したと思われる問題を他の人の側に見出すことは常に可能である。停まっている車に一方的にぶつかったときだって、「なんで、こんなところに車を停めるんだ」と文句を言うことはできる。クレームは、言おうと思えば、ほとんどいつでも可能なのである。

では、なぜ、たいていの人はそうしないのか。それは、客観的に状況を見て、自分にも悪かった点があることを自覚するからであり、問題を本質的に解決するには信頼回復が大切だから、一方的に相手を責めて関係を悪化させることを避けようとするのである。

しかし、他罰傾向のある人は、一方的に相手を責めて譲歩を引き出し、自分に有利な結果を引き出そうとする。多くの人は、相手がしつこさに根負けして譲歩したとしても、その後「クレーマー」という悪い評判を立てられれば、デメリットのほうが大きいと考えるであろう。特に、同僚たちとの信頼と協力が不可欠な職場では決して得策ではない。ところが、他罰傾向の強い人は、デメリットのことなど考えず、目の前の利益を優先して、文句を言ってしまうのである。

反対に、自罰的な傾向のある人もいる。自罰傾向の強い人は何でも自分が悪かったと思い、自分を責めがちになる。自罰傾向の強い人は、釈明選択モデルの中の「私的責任判断」が強い人たちでもある。罪悪感や悔恨の念を抱きやすく、謝罪傾向も人一倍強い。他罰傾向の強い人とは違って、自罰傾向の人は、周囲から嫌われたり敬遠されたりすることはないけれど、必要以上に責任を感じて自分を責めるようになると、本人の精神衛生に悪いだけでなく、仕事上でも障害を来す恐れがある。

自罰傾向が度を超えると、自責の念が強くなったり、鬱的になったりして自信を失い、仕事に対する意欲が低下することになる。その意味では、自罰も他罰も極端であっては社会的な不適応を招く。こうしたことを防ぐには、客観的な視点から責任があるかないかを判断し、過剰な思い込みをなくす必要がある。

協調性の低い人は、謝罪したがらない傾向がある

日本人の謝罪傾向の強さは、協調性、葛藤回避などの人間関係志向の強さと、受け入れ

てもらいたいという受容欲求の強さとに密接に関係している。こうした心理が、釈明を求められる場面で協調的人物像を維持しようとする動機を生み出し、その結果、謝罪選択を促す。逆に言えば、協調性がない人は、謝罪したがらないということでもある。

協調的な人は温厚で自己主張せず、人から頼まれたら断らずに手を貸してくれる優しい人というイメージがある。こうした協調的な行動を取る人のなかには、心理学的に見ると2つのタイプが含まれている。

ひとつは、周囲の人たちと親しく交流することを心から楽しむ親和欲求の高いタイプの人である。こうした人たちは、社交的だが寂しがり屋の面もあり、人と接することを積極的に望んでいる。また、人からあてにされ、頼りにされることに喜びを感じる。明るく開放的で、屈託がない。そうした人の多くは共感性が高く、困っている人を見ると放ってはおけない。少々老婆心が強くお節介という面もあるが、憎めない人たちである。

もうひとつは、表面的には温厚だが、内心では他者との親密な付き合いをそれほど強く望んでいないというタイプの人たちである。どちらかというと人疲れするほうで、むしろ一人になるとホッとする。それでも彼らが協調的に人付き合いしようとするのは、他の人たちから嫌われ、排斥されたくないからである。人付き合いは苦手だけれど、将来のことを考えれば保険でもあるので、嫌われることのないよう愛想良く振る舞う。つまりこれは、典型的な日本人タイプと言えよう。

社交タイプにも心配性タイプにも共通しているのは「**受容欲求**」である。

心配性タイプは、一見すると損得ずくで人付き合いをしているように見えるかもしれないが、彼らも「こういうメリットがあるから人付き合いをする」とドライに利益だけを考えているわけではない。人から嫌われることに強い恐怖を感じ、損得を考える以前に、人から受け入れられることに安心感を抱く。その意味で、彼らも本質的には、強い受容欲求に動かされている。

一方、協調性のない人は、こうした人たちとは逆の心理で行動する。その典型的なタイプは、ナルシストなど自分を抑えられない人たちである。そうした人たちは自己中心的で、自分の利害にしか関心がない。さらに、受容欲求が弱く、人にどう思われるかをあまり気にしないから、誰かにものを頼まれても、自分の得にならないことであれば引き受けない。また、自分が困ったときには平気で頼ってくるが、だからといって、そのことに恩義を感じて、お返ししなければならないとも思わない。こうした無神経な行動をとるのも、協調性のない人は、他の人の気持ちに無関心なためだといえる。

個人主義の人も協調性が低いと思われている。個人主義タイプの人は、職場で有能な人材とみなされていることが少なくない。彼らもまた、受容欲求によってあまり動かされないという点では自己愛傾向タイプと似ているが、社会適応性が高く、トラブル・メーカーとみなされることはあまりない。

彼らは決して受容欲求が弱いわけではなく、人に好かれることはうれしいと感じるが、そのためにほかのことを犠牲にしようとは思わないだけである。人付き合いは、個人主義の人々の間では、あまり高い価値が置かれていない。それよりも、個人としての業績を上げること、高い評価を得て地位を獲得することを優先する。

その一方で、彼らは会社内で孤立することは不利であるとも思っているので、必要な人付き合いはきちんとする。受けた恩義は忘れず、きちんとお返しもする。ただ、彼らは人と親しく触れ合うこと自体に、あまり魅力を感じていないだけである。人との付き合いは社会生活に必要な義務であり、仕事上の利便と割り切っている。

個人主義の人の中にも表面上愛想の良い人はいるが、本質的には人に頼ったり、人を当てにしたりはしない。頼れるのは自分だけだという強い自立心を持っている。自分の仕事に役立つ限りでは人とも協力するが、そう思われない場合には協力はしない。頼まれてもはっきりと断ることができるし、そのことで「人に嫌われるのではないか」と心配したりもしない。

しかし、個人主義の人々は情緒的でないだけで、決して利己的というわけではない。むしろ、何に対しても公平な態度を維持し、自分の責任が問われるような事態でも、事実を捻じ曲げて自分に都合の良い主張をしたりはしない。自分が悪いとわかれば潔く頭を下げるが、自分に責任がないと思えば堂々と自己主張するし、人を責めることもする。

一般の日本人のように、対立の先鋭化を避けようと「自分にも悪いところがあった」などと責任を曖昧にすることを嫌う。このタイプの人たちは、謝罪をしたがらないというよりは、平均的日本人よりも謝罪を選択する範囲が狭く、その点では欧米人に近い判断基準を持っている人々といえよう。

未熟な人や自己防衛心の強い人も、短絡的に責任を回避する

身体面での成長と同様、精神面でも成長はある。精神面の成熟については、いろいろなとらえ方があるが、アメリカの心理学系ジャーナリストであるダニエル・ゴールマンが提唱した「情動知能（ＥＱ）説」によると、ＥＱの高い人は自分の感情や欲望を正確にとらえ、人の感情を理解することも上手なため、対人関係を円滑に営むことができるという。

また、カリフォルニア人格検査（ＣＰＩ）という心理テストは、健康で成熟した人の性格特徴をとらえようとするものだが、そこには「責任感」「自己統制力」「協調性」「融通性」などが挙げられている。

これらの説のどれも、もっともなものであるが、精神的成熟の本質は恐らく、「自足」にあると思う。

自足を広辞苑で引くと「自分の必要を自分で満たすこと」「現状にみずから満足すること」とある。心理学的に解釈すると、それは自己に対する充足と安寧である。

この点を米国ロチェスター大学の心理学者、エドワード・デシ教授は「自己決定」と呼んでいる。自己決定の人は、人からどう思われるかをあまり気にかけず、自分の個人的目標や価値観に従って行動する。しかし、自己中心的というわけではない。他の人たちの価値観も自分自身と同様に尊重するので、他の人の福祉を無視して行動し、周囲に害を与えるようなことをしたり、むやみに人と争ったりするようなことはしないという。

自己決定の人は、自分自身に満足している。人から認められたいとか評価されたいという気持ちをあまり持っていない。そうした外部基準よりも、自分の内部基準を優先するからである。だから自己決定の人は、他の人の言動に振り回されることがないし、周囲の期待に沿うように自分を曲げることもない。また、自分自身に自信を持っているので、どんな事態でも過剰な不安や恐怖を持つことがない。人から批判されても動揺したり傷ついたりすることはなく、冷静に対処することができる。

自己決定の人は自分にプライドを持っているが、それは堅固な土台に基づく安定したものなので、人から何か言われて自尊心が傷つくということも少ない。精神的安定があるため、批判を受けても感情的に反発することはせず、それを受け止め、妥当な指摘であれば受け入れようとする。人の意見を取り入れたり、人に従ったりすることがプライドに関わるとか面子を失うことだとは思わない。

こうしたおおらかで寛容な態度は、自分に対する揺るぎない自信から生まれるものである。感情面の安定性と自足によって、自己決定の人は、自分自身についてはもちろん、他者に対しても「話せば分かる」など楽観的な考えを持って接する。このため、トラブルがあっても、基本的には協調的、受容的、建設的な姿勢で臨むことになる。

また、責任が問われるような事態に陥っても、自己決定の人は、不安や恐怖に駆られて衝動的に反応するようなことはしない。また、自分の利害関心を脇に置き、中立的に事態を把握することができるので、自分自身の責任についても偏りのない立場で判断しようとする。

自分の側に問題があれば素直に認め、謝罪することだってやぶさかではない。彼らの釈明選択にはたらいている動機は、自己像や評判を守ったり、自己利益を守ったりという願望に基づくものではない。基準となっているのはただひとつ、偏りのない私的責任判断だけである。

しかし、同じ出来事でも、解釈は立場によって異なるので、ともすると関係者が責任を押し付け合って対立を激化させることがある。こうした事態を避けるため、自己決定の人は、大局的見地から必要以上に自分の責任を引き受け、建設的解決を目指すことがある。揺るぎない自己を形成している彼らは、責任を認めることが自分のプライドや評判を傷つけることだとは感じないので、最善の解決策を遂行する上で必要と判断するなら譲歩や謝罪を選択することもできるであろう。

ここで述べてきた成熟した人格像は理想化されたもので、現実にこれに完全に合致する人は、ほとんどいないと思う。しかし、これに近い程度に感情的に安定し、公平で寛容、かつ賢明な判断力を持つ人たちは存在するし、そうでありたいと努力している人たちはもっとたくさんいる。彼らの特徴は、個人的プライドや自己の利益に囚われることなく、公平に問題に対処しようとする姿勢である。自己決定の人は、必要な場合には自分自身の責任を認め、謝罪をすることにも抵抗がない。

やや理想化されているとはいえ、こうした成熟した人格像との比較から、「未熟な人格」という特徴を明らかにすることもできる。

未熟な人の第一の特徴は、自己利益へのこだわりである。どんな事態に対処する場合も、まず損か得かを考え、問題を適切に解決することよりも自分が損をしないことを優先して対処しようとする。自己利益にこだわる人は謝罪をしたがらない。長い目で見れば、謝罪が自己利益に適うことも少なくないのだが、自己利益にこだわる人は往々にして近視眼的で、眼前の利益しか目に入らないため、謝罪を拒否することが多い。

第二の特徴は、情緒不安定なことである。未熟な人は負事象への関与が疑われ、非難を受けそうな事態に遭遇すると、強い不安や恐怖に囚《とら》われる。それによって衝動的に回避反応が起こり、関与を否認したり、その場逃れの言い訳を口走ってしまったりする。情緒不安定な人のなかには短気な人もいて、かっとなって激しく反発したり、人のせいにしたりする人もいる。いずれにしろ感情的になった場合には、責任否定の釈明が増える。

情緒不安定な人の場合、その背後には自分に対する自信のなさや周囲の人に対する信頼の欠如がある。こうした特徴は、成熟した人の特徴とは正反対である。未成熟な人は、自己防衛の気持ちが強くなると、謝罪をする気持ちから遠ざかりがちになる。

未熟な人の第三の特徴は、人目を気にすることである。未熟な人は自己決定ができない。つまり、何かをするとき、自分自身の信念からではなく、人からどう思われるかなど周囲の評価を気にして、それに振り回される。

釈明選択時にも人目を気にする動機がはたらくことを以前に説明したが、それは自律的人物像を維持したい、あるいは協調的人物像を守りたいといったものであった。そこで、周りの人から協調的人物像を強く期待されると、抗しきれずに、不必要な状況でも謝罪してしまうということが起こる。一方、自律的人物像が期待されていると思うと、見栄を張って、不適切な自己主張を繰り返してしまう。

自己決定力の弱い未熟な人たちは、一概に謝罪拒否に向かうとは限らないが、謝罪をしたがらない傾向は強い。それは、心の中では自信がないため、人と対立したり、責任が問われるような状況に立ち至ると、強い自己防衛心にとらわれるからである。このため、感情的になったり自己利益にこだわったりして、短絡的に責任否定的な釈明を選んでしまうのである。

猜疑心が強い人も、謝罪したがらない

普段、人付き合いをしていると、ひがんだ見方をする人、被害的な受け止め方をする人がいる。こちらはその気がないのに、「意地悪をされた」とか「差別された」とか悪く解釈されることがあるので、そうした人への対応はひどく気を遣う。このように、周りの人

が皆、自分に悪意を持っていると思い込んでしまうような、警戒心や猜疑心の強い人たちも謝罪をしたがらない傾向がある。

こういう人たちの心理を分析すると、常日頃、私たちが何気なく行っている人付き合いという行動が、いかに複雑な心理機能に支えられているのかということがわかる。私たちの周囲には多くの人とモノが存在する。人とモノとの違いは、心という目に見えない世界が人のなかにはあり、それが行動を支配し、決めているという点である。

心とは具体的には、意志、願望、感情、態度などである。私たちは周囲の人の行動を見ると、椅子から立ち上がったとか、隣の人に話しかけたなど、動作を確認するだけではすまない。その動作には、どんな意図があるのか、どんな感情に基づくのかなど、当人の心に関する推測が必ず伴う。

この点がモノを見るときと異なる点である。行動の背後にある心の性質を推測することなしに、その行動を理解できたとは思わない。当人の心の状態にまったく見当がつかないときには、「あの人の行動は理解できない」と思ってしまうのである。

人の心というものは観察不能なもので、原則として、確認することができない不可知なものである。当人に聞けばいいと思うかもしれないが、聞いたところで、本当のことを話してくれるとは限らない。人の心は常に、推測するしかない。そうした不確かなものであるにもかかわらず、私たちは人の心を問題にせざるを得ない。それは、目に見えない心というものを推測することなしに、相手の行動に対応することができないからである。

ある人のある行動を見ても、その意図、感情、態度がわからないと、それにどう対処してよいか判断がつかない。ある人に褒められたとしても、それが本心からなのか、それとも皮肉からなのか、その人の感情や意図がわからないと、適切な対応をすることはできない。それはどのような場面、どのような行動についても同じである。

対人関係で人の心を推測するという心理機能は、不可欠かつ本質的なものだが、実はここに、対人関係のトラブルを発生させやすい重大な原因が潜んでいる。それは、人の心は不可知なので、その推測は常に見る側の主観に左右されるという点である。

たとえば、「自分は人から嫌われているのではないか」と思って周りの人の言動を見ると、実際そう見えてくる。人付き合いの心理は、こうした自己呪縛に陥る危険をはらんでいる。

猜疑心が強い人はその典型といえる。そうした人は、過去の経験からか、あるいは元々の性格からか、他の人に対して強い猜疑心を抱くようになり、常に警戒心を持ちながら人と接している。そして、周囲の人の何気ない言動が、彼らの猜疑心を刺激して被害感情を生み出し、警戒心と対抗心とをさらに強める。

猜疑心の強い人が謝罪を躊躇するのは、謝罪が自分を無防備な状態にする行為だからでもある。謝罪には「許しを乞う」という行為が含まれるが、これは「どんな罰も甘んじて受けます」という意思表示であり、相手に全面的に我が身を委ねることである。

人を信用できず、油断したらどんな目に遭わされるかわからないと思い、普段から猜疑心に凝り固まっている人が、自分を無防備な状態にする「謝罪」という危険な行為を選択することはないだろう。猜疑心が強く、対人不信の人は、謝罪したがらない人たちであり、謝罪を受け入れにくい人たちでもある。

5章と6章では、謝罪される側の心理と、謝罪する側の心理とを解明してきた。締めくくりとなる次章では、これまでの検討を総合し、改めて効果的な釈明の方法についてまとめてみることにしよう。

7——失敗しない謝り方

問題を避けるのではなく、どう対処するかが大切

「負事象」とは、誰かが迷惑を被るような出来事のことをいう。その被害を受けるのは、個人の場合もあるし、会社やチームなどの団体・組織の場合もある。迷惑には、物的・金銭的な損害、不便や不都合、過剰な負担、名誉毀損、心情的な被害（不快感、感情を傷つけられる、信頼を裏切られる）など多様なものが含まれる。簡単に言えば、人を不愉快にさせる出来事といっていいであろう。

負事象には、大きくわけて2つのタイプがある。ひとつは人間関係のトラブルを意味する「対人葛藤」。もうひとつは、「会合に遅れた」「設計ミスをした」などの過誤、失敗、マナー違反などを意味する「不首尾」である。いずれも、周囲の人たちにマイナスの印象を抱かせる行為といえる。

失敗やマナー違反などの不首尾は、職場などでは特に避けるべきものである。一生懸命働いている社員のほとんどは、そんな事態にならないよう注意深く仕事に取り組んでいるに違いない。とはいえ、人間である以上、思い違いやうっかりミスは避けられない。仕事をしていれば、日常業務の中で失敗することはたびたびあるし、どんなに注意深く仕事をしていても、予期しないことが起きてしまうこともある。

問題が起きるのを未然に防ぐ努力はもちろん大切だが、もっと大事なことは、起きてしまったトラブルや失敗の影響をどれだけ小さく抑えることができるかということである。そんなときにこそ、釈明が重要な役割を果たす。

人間関係がぎくしゃくする対人葛藤もまた、社会生活では避けて通ることができない。人は皆、考え方が違うし利害や関心も異なるから、さまざまな問題で人々の間に対立が生じるのは当然である。もし、どうしても周囲の人との対立を避けたいと思うなら、言いたいことを言わず、正当な権利も我慢し、何事も人に譲るという消極的な生き方をせざるを得なくなる。

しかし、職場などでは、生産性や能率の向上のために、あるいは、自分の職務を全うするために、他の人との対立を覚悟の上で主張しなければならないときもある。そうでなければ、むしろ職業人としては失格である。人とのかかわりの中で暮らす社会人であるならば、人との対立は不可避なことだし、回避してはならないこともある。だからこそ、葛藤の発生をいかに防ぐかということよりも、いかに適切に対処するかということが重要になるのである。

対人葛藤は、失敗やマナー違反などの不首尾と違って、適切に解決すれば、多くの有益な結果をもたらすこともできる。たとえば、職場なら、さまざまな意見を出し合うことによって、職場が抱える諸問題について社員の間で理解が深まり、互いの考え方の違いに気づくこともある。感情的にならず、節度を持って議論することができるなら、「雨降って地固まる」のたとえのように、社員同士の相互理解を進め、職場内の信頼を強固にすることもできるであろう。

対人葛藤を恐れて何もしないのでは、問題はいつも先送りになり、やがて沸点に達して、社員や得意先の不満が爆発することにもなりかねない。

社員が仕事や職場に積極的に関与すればするほど、職務やチーム運営に対して、いろいろな意見を持つようになるのが自然である。それが、一生懸命やっていることの証でもある。どんな組織にも問題点はあり、社員の意見を適切に汲み上げることで、問題点を改善し、生産性を向上させることができる。その意味からも、職場での対人葛藤はマイナスばかりとはいえず、実は効用も大きいのである。

問題は、対人葛藤をいかに建設的に解決し、有意義な方向に導くか、ということである。本書はまさに、そのためにある。ここで取り上げている釈明を適切に使いこなし、謝るべきときに謝り、弁明するべきときに正しく弁明すれば、対人葛藤を不用意にエスカレートさせず、冷静で有意義な意見交換をすることができるようになるであろう。

日本人は基本的に、謝罪を期待している

1章で紹介したように、日本人はアメリカ人と比較して、あるいは同じアジア人である

中国人と比較しても、謝罪を好む傾向がある。日本人は、自分が加害者となったときに謝罪を優先的に選ぶだけではなく、被害者となったときにも、加害者からの謝罪を強く期待する。

欧米人であれば、「弁償してくれればいい」と思うような状況であっても、日本人は謝罪を強く求める。逆に、きちんと謝ってもらえさえすれば、弁償を求めないことだってある。日本人被害者が謝罪を強く求める背景には、労ってほしいという心情的な欲求がある。それは、相手から「大切にされたい」「尊重されたい」という願望でもある。逆にいえば日本人は、無視されたり、軽視されたりすることをひどく辛いと感じるのである。

私たちは、もしも、他の人たちが自分のことを尊重し、自分のことを考えてくれているのなら、自分に迷惑をかけるようなことはしないだろうと考える。だから、迷惑を被るということは、少なくともその瞬間は、自分の存在が軽視されたことを意味している。それは、「大切にされたい」「尊重されたい」という日本人の気持ちを逆撫でする行為でもある。

考えようによっては、物質的な損害は、金銭で解決できる。しかし、日本人は、相手から軽視された、無視されたという意味での対人的被害を強く感じてしまう傾向があるので、むしろやっかいである。そうした心情的な被害は金銭だけで解決できるものではないからである。心情的な被害を償うためには謝罪が欠かせないのである。

対人葛藤や不首尾などの負事象に関与したとき、日本人にはこういう心情的欲求があるということを肝に銘じておく必要があるであろう。日本人は贈り物をするとき、よく「気は心」という。贈り物は高額だからよいというわけではなく、気持ちがこもっていることが大切だという意味で用いられたりするが、釈明にも「気は心」が大切で、些細な被害であっても、相手の心情に配慮したメッセージを込めることが重要である。

真の謝罪を生む、悔恨の心

謝罪者が心からすまなかったと思っているかどうかが謝罪の効果を左右する。謝罪する際には、悔恨や改悛の気持ちを持っているかどうかが重要なカギになる。

裁判でも「被告人には改悛の情が顕著に認められる」という理由で、刑罰が軽減されることがあり、悔恨の気持ちは、違反者を許すかどうかを決める重要な要因になっている。

悔恨の気持ちが含まれた謝罪は真正の謝罪と呼ばれ、それが含まれていない言葉だけの謝罪は表面的謝罪（偽の謝罪）と呼ばれる。その効用の違いは明らかである。

ひとつの研究例を見てみよう。米国カリフォルニア州ハンボルト州立大学のグレッグ・ゴールド教授たちは、法律違反をした官僚が謝罪するというエピソードを大学生たちに読ませ、その官僚をどれくらい許せるか考えさせた。

その結果が図19だが、改悛の情が強く表現されたエピソードを読んだ大学生と、そうでないエピソードを読んだ大学生とでは大きく反応が異なった。官僚が悔恨や改悛の情を示したときには許してもよいという反応が強かった。しかし、謝罪してもその気持ちが感じられないときには、許そうという反応は弱かった。

私たちは日本の小学校の児童を対象に、類似の研究をしたことがある。この研究では、わざと人の持ち物を壊したなど意図的な危害を描いた物語と、不注意で人の持ち物を壊したなど非意図的な危害を描いた物語とを、紙芝居で子どもたちに示して、自分が被害者だったら加害者を許すかどうかを回答させた。

その結果、日本の子どもたちも、謝罪しない加害者よりも、謝罪した加害者を許そうとした。子どもの世界でも謝罪の効用が認められたのである。同時に、謝罪した加害者が、悔恨の気持ちを強く持っていると感じた子どもほど、許そうという気持ちが強いことも確

［図 19］ 謝罪に含まれる悔恨と許し

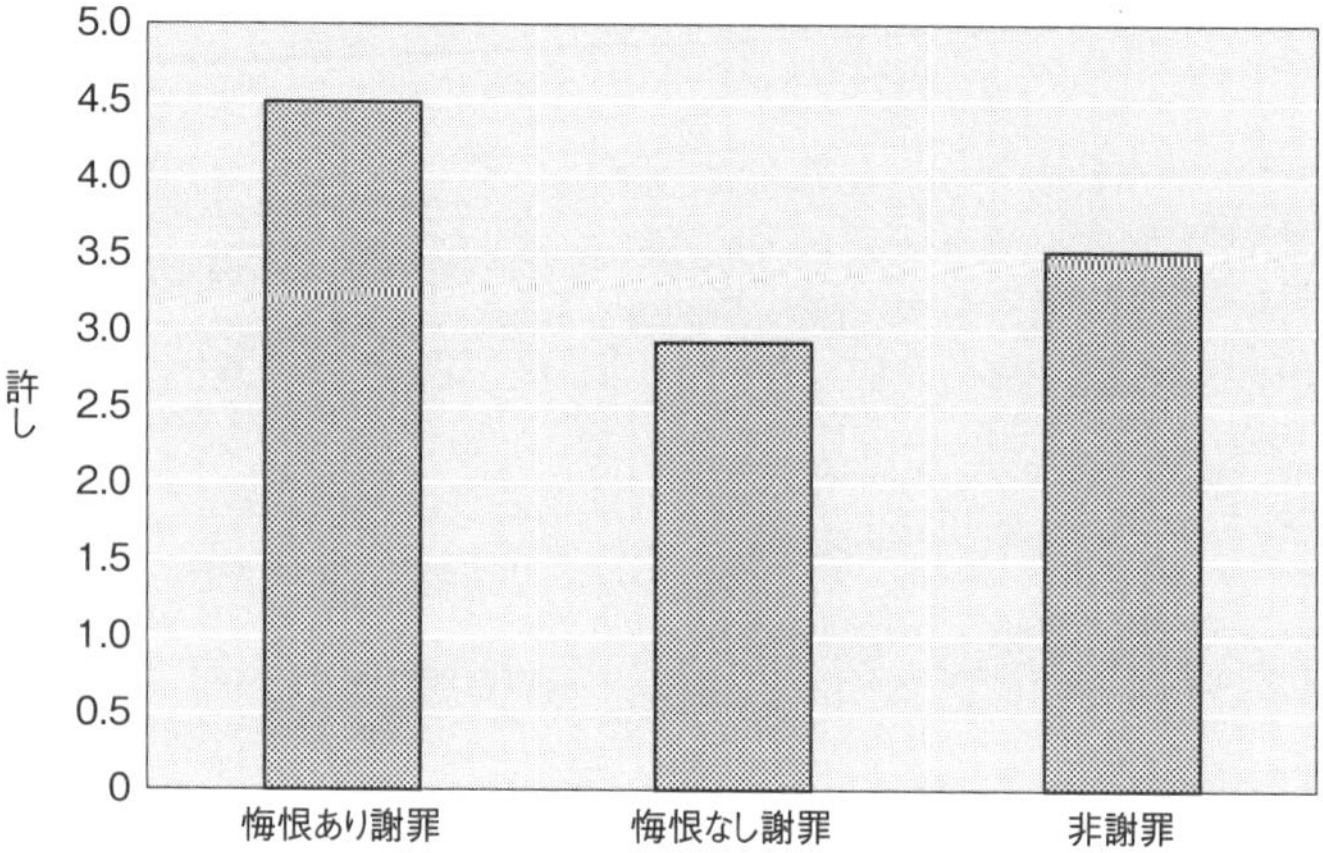

（Gold et al., 2000）

認された。子どもであっても、謝罪に悔恨の気持ちが含まれているかどうかに関心を持ち、それが感じられるかどうかによって、謝罪者を許すかどうかを決めていたのである。

謝罪は、信頼を回復する

謝罪は自分の非を認めるものだが、弁解、正当化、否認は責任を回避するものである。どのタイプの釈明行為が選択されるかは、事態に対処する当事者の判断による。トラブルを引き起こした者は一般的に、罰を回避し、傷ついた信頼を回復したいと願っている。釈明は、こうした目的を達成する手段として行われることが多い。このように、釈明が常に戦略的なものであるとは限らないが、ここでは戦略的なものに限定して話を進めることにしよう。

戦略性という点からみると、謝罪には不可解なところがある。謝罪によって自らの非を認めてしまったら、ネガティブな評価や罰を避けることができないのが普通であろう。ところが、「潔くて、信用できる」などと好意的に評価されることもある。不祥事を起こしたということでネガティブな評価を受けるはずなのに、むしろ、罰を軽減され、信頼が回復できるという逆転劇は、謝罪のパラドクスともいえるものである。

その仕組みを考えると次のようになる。一見すると、責任を否定する弁解や正当化のほうが、他の人たちからのネガティブな評価を避ける上で有効なように見える。でもそれは、責任否定的な釈明が、相手から受け入れられる場合に限られる。釈明の中で言及した事情や主張が合理的で、周囲の人にもっともだと認められれば、その弁解や正当化は受け入れられるだろう。そうなれば、当事者に対するネガティブな評価は回復され、信頼も損なわれることはない。

しかし、合理性がないとか虚偽ではないかと疑われると、効果は逆転する。弁解した者は「卑怯だ」とか「無責任だ」などと非難され、正当化を主張する人は「図々しい」「居直っている」などと反発を受ける。このような場合、ネガティブな評価は一層強まり、信頼への危機はむしろ増大する。

一方、謝罪は自分の愚かしさ、無能さを認めることである。これがそのままその人の評価となり、信頼低下をもたらすこともあるが、日本人は潔く罪を認めることや謹厳実直であることを美徳と考えているので、「迷惑を掛けてしまい申し訳ありません。もう二度とこんなことはしません」と謝れば、「正直だ」とか「責任感がある」などポジティブな評価に結びつくことが多い。

こうしたパラドクスは謝罪だけではなく、弁解や正当化にもみられる。謝罪とは反対に、罰を逃れようとして責任否定的な釈明をしても、その思惑とは裏腹に、重い罰を招くことがあるからである。では、謝罪や正当化などの釈明が、期待される効用を生み出すか、それとも逆効果になるかは、何によって決まるのであろうか。

信頼回復への3ステップ

南カリフォルニア大学のピーター・キム教授の研究は、釈明を受ける側に焦点を当てたものである。同僚が仕事で失敗したり、重大なミスをしたりすると、その同僚を今後も信頼し続けるべきかどうかを判断する必要が生じる。信頼して今まで通りの仕事を任せるべきか、それとも、重要な仕事は任せないようにしたほうがいいのか。キム教授によると、この判断をするにあたって、人々は図20に示された3つのステップを踏むという。

ステップ1は「事実性」である。まず、その人が実際に負事象にかかわったのかどうかを判断する。

2章の「無断欠席」の事例（28ページ）を例に挙げれば、A主任が取引先との重要な面談を本当に無断欠席したのかどうか、その事実を確かめる必要がある。「製造ミス」の事例では、B技師が実際に不具合のある製品設計を行ったのかどうか、その事実を確認する。もし、それらが事実でないとすれば、信頼を低下させる理由は初めからなかったことになるので、人々は信頼を継続させる。

しかし、そうした行為があったらしいとなれば、信頼すべきかどうかの判断は保留となり、判断はステップ2に進む。

当事者側にとってみれば、関与を否定する客観的証拠を示すことが、信頼を保ち続けるための最も強力な方法である。しかし、仮に証拠がなくても言葉で関与を否定すれば、それなりに効果が期待できる。だから、政治家たちのように「身に覚えがない」などと責任否定の釈明を試みるのであろう。

もし、他の人々がこの釈明を受け入れ、「この人は何もしていないようだ」と判断すれ

［図 20］信頼性の判断プロセス

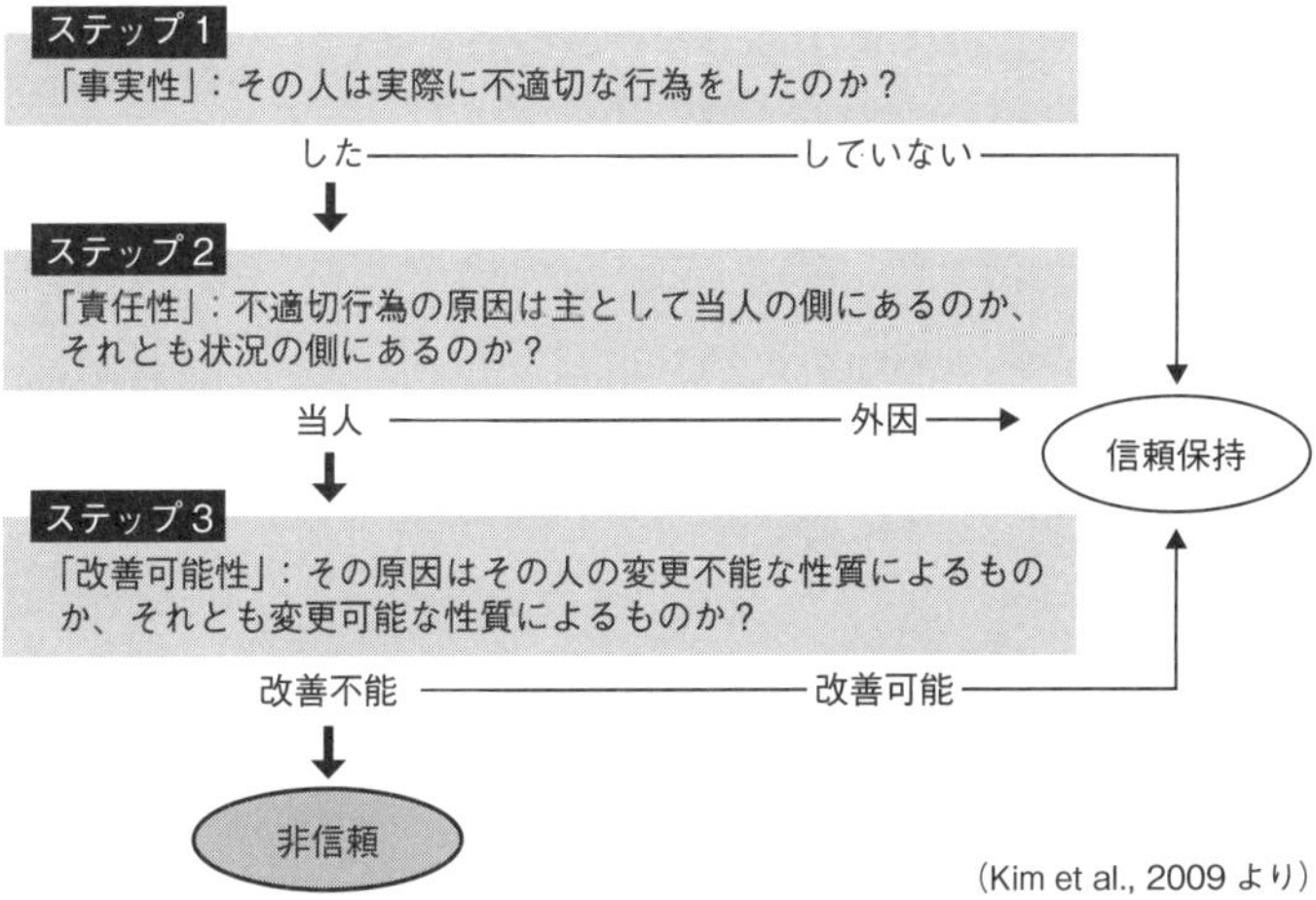

（Kim et al., 2009 より）

ば、この段階で信頼は継続される。だが、他の情報から見て、その否認釈明が信用できないとなると、人々はここでも決定を保留し、判断はステップ2に進む。当事者が自ら「確かに私がやりました」と関与を認めた場合も同様である。

ステップ2は「責任性」で、当事者の責任の程度を判断する段階である。仮に謝罪する人が「自分がやった」と言っているなら、責任もその人にあるのではないかと思われるかもしれないが、責任問題はそう単純ではない。

たとえば、Cさんが運転する自動車が道路を横断中の人を轢《ひ》いたという事故の場合、もし歩行者が赤信号を無視して横断していたのであれば、歩行者側にも責任があるとされ、Cさんの責任はその分、軽減される。突然の大地震などで自動車のコントロールが利かなくなって事故になった場合なども同様で、運転者の責任は軽減されるであろう。

このように酌量すべき事情があれば、当事者の行為が負事象を引き起こしたことが事実であったとしても、責任は軽減される。心理学ではこれを「割引効果」という。

無断欠席の事例に関していうならば、たとえば、事故に遭って連絡もできず会合を欠席したといった事情があれば、会合の欠席に関してA主任の責任は問われない。設計ミスの場合、依頼された仕様書そのものが間違っていたのであれば、その製品の不具合は、Ｂ技師の責任ではないと判断されるであろう。

　このように、負事象の発生に関して、当事者以外の原因が大きいとみなされると、多くの人は、その人がやったことではあっても責任はないと判断し、彼らに対する信頼を維持すべきであるとの結論を下す。反対に、そうした酌量事情がないか、あっても小さい場合には、当事者の責任の方が大きいと判断するので、信頼に関する結論は保留され、判断はステップ３へと進む。

　ステップ２でも、当事者の釈明は重要である。たとえば、外部に責任を転嫁する弁解という釈明は、日常でも頻繁に用いられる。約束の時間に遅れた人が、「仕事が立て込んでいた」「電車が遅れた」などの酌量事情を持ち出して、責任転嫁をはかることはよくある。こうした弁解を他の人たちが受け入れれば、負事象の責任は当事者ではなく外的要因にあるとみなされるので、当事者に対する信頼は維持される。

　弁解は、その事情が受け入れられるかどうか、真実と見なされるかどうかにかかっている。私的な付き合いであれば、よほど荒唐無稽な理由でない限り、相手の弁解を露骨に疑ったりすることはあまりない。友人であれば、「本当に忙しかったのか」「何時何分の電車に乗ったのか」などと追及する人は少なく、その真偽はともかく、釈明をしたということで、まずは相手を許すというのが普通の対応である。

しかし、仕事上のこととなると、弁解に対してもっと厳しい見方がなされる。酌量事情が本当なのかどうか疑惑の目で見られ、その信憑性が吟味される。会社にとって重大な結果を招いたような負事象であれば、本格的な真偽追及が行われるであろう。

たとえば、先の設計ミスのような場合には、原因と責任の追及は厳しく行われる。それに対し、無断欠席のような場合は、相手先にきちんと謝るなど事後処置が適切であれば、厳しく追及されることはないかもしれない。しかし、周囲の人たちは当事者の過去の言動なども参考にしながら、今回の弁解がどれくらい信用できるものかを吟味しようとする。その結果、信用できないとなれば、当事者の責任は免れないと判断するであろう。

以上のような吟味を経て、当事者の責任が免れないとなると、ステップ3「改善可能性」に判断が進む。

この段階に至ると、負事象を引き起こした行為は当事者自身が行ったものであること、あるいは、その人自身の問題に由来するものであると人々はみなしている。それでもなお、当事者に対する信頼を保ち続ける余地は残っているのであろうか。キム教授は、初対面の人はともかく、同じ会社などでこれまで付き合いがあり、今後も関わりが続く相手なら、信頼保持の可能性はあると説く。そこで焦点を当てられるのが、当事者の改善可能性である。

ある負事象が当事者の不注意で起こったものだとしても、その一事によって、この人間は信頼できないと切り捨ててしまえるものではない。誰にでも不注意やミスはあるから、むしろ重要なことは、それが今後も繰り返されるかどうかということであろう。当人が強く反省し、そうしたことがないように努力し、それによって問題が改善されるという見通しがあるなら、その人に対する信頼を継続し、今後も信頼して付き合おうと決めることは十分あり得る。

しかし、その人が問題改善に自ら取り組もうという意欲がなかったり、あるいは能力的に改善が無理だと判断されたりした場合などは、信頼を継続すべきではないとの結論に至っても仕方がないであろう。

ステップ3では、すでに負事象が当事者の責任であることは明確なので、当事者が行い得る釈明は謝罪のみになる。

謝罪者はしばしば、「すみません」と言うだけでなく、「二度とこのようなことのないように十分注意します」など、将来の改善を誓うことがある。謝罪を受ける側の人々が、これを信用できると感じれば、負事象に関与した人の信頼は維持される。あるいは、低下した信頼を取り戻すことだってできるであろう。

謝罪者のなかには、自分がいかに後悔しているか、いかに強い罪の意識を感じているかを強調するものもいる。悔恨の気持ちが強いことは、改善意欲が強いことを示すので、この場合も信頼を取り戻せることを強く期待できる。もし、それが信用できると感じられれば、当事者に対する信頼は継続されることになるであろう。

しかし、謝罪が常に受け入れられ、受け手を信頼の方向に誘導するとは限らない。本心からの反省なのか、改善の約束を実行できるかどうかなどに関して強い疑念がある場合には、信頼の修復には至らない。それでも謝罪をしたほうが、しない場合に比べれば、少なくとも信頼修復の可能性は残されるであろう。

信頼修復に至るこれら3ステップを、当事者の側からみた釈明効果に的を絞って要約すると、次のようになる。

第1段階「行為性」……負事象への関与を否定する否認という釈明が受け入れられるな

ら信頼修復が達成される。

第2段階「責任性」……負事象への責任を外部に転嫁する弁解という釈明が受け入れられるなら、やはり信頼を維持することができる。

第3段階「改善可能性」……悔恨や改善意志を表明する謝罪が受け入れられるなら、信頼を回復することが可能になる。

このようにキム教授の理論では、負事象の原因に関与した場合、信頼を維持すべきかどうかは3段階で判断され、それぞれで違った釈明が選択されると論じている。

謝罪には、アクロバティックな効用がある

釈明の効用は、釈明を受ける側の受け止め方にも依存する。関与を否定する否認であれ、

責任を外部に転嫁する弁解であれ、改善を誓う謝罪であれ、それが信頼回復をもたらすかどうかは、受け手がどう判断するかに左右される。

それが真実である、あるいは誠実なものであると受け止められれば、釈明は信頼を促すが、そうでない場合は効果がないどころか、むしろ逆効果にさえなる。釈明のなかには受け手を欺こうとする悪質なものがあり、それが明らかになった場合には、釈明をしなかったときよりも一層信頼を損なうことになるであろう。

釈明の効果を分析してみると、最も不可思議なのは謝罪である。合理的に考えれば、負事象に関与していない、あるいは責任はないと主張するなど、身の潔白を主張するほうが、信頼を維持する上では最も効果的な手段のように思われる。

しかし、これまで繰り返し述べてきたように、負事象に関与したと疑われたとき、当事者が最も多く使う釈明は謝罪である。謝罪は自らの非を認めることであり、それは当事者の能力や倫理性の評価を低下させ、結果として、信頼の低下を招くと思われるが、それにもかかわらず、謝罪が頻繁に用いられるのは、謝罪には、それを逆転させるというアクロバティックな効果があるためである。

キム教授の3段階説でも紹介しているように、会社内の人間関係など今後も協働する可能性がある相手に対しては、負事象を引き起こした責任もさることながら、その人が類似の負事象を再発させないかどうかという将来への懸念が重要な関心事になる。負事象が当事者の責任ではないことが客観的に明白であれば、そうした懸念も解消されるから問題ないが、不明のままになることも少なくない。

「約束をした」「いや、していない」など双方の主張が食い違い、水掛け論になることもある。また、被害を与えた相手が取引先であったりすれば、「本当にそうでしたか」と聞き取り調査のようなことをすることもできないであろう。社会的事件の裁判でさえ、因果関係や責任の所在が明確にならないことも少なくない。一般市民が真実を明らかにしようとしても限界があるというのが現実である。

それでは、客観的に証拠がない場合、当事者が否認したり弁解したりすれば、それが通用して、当事者の責任は不問に付されるのであろうか。その可能性もゼロとはいえないが、かなり難しい。客観的に証明されていないとしても、受け手の側に疑念が残れば、当事者に対する信頼回復は難しくなるのが普通だからである。だとすれば、客観的な証拠がなく、否認や回避ができない場合は、むしろ謝罪によって将来の懸念を払拭するほうが、信頼回復には有効であるように思う。

もちろん、当事者自身が自らを潔白であると確信している場合には、謝罪はあり得ない。しかし、当事者も自分の過ちを感じている場合には、責任を否認し続けるのがよいのか、責任を認めて謝罪するのがよいのか、選択に迷うこともあるであろう。そのような場合、もしも自分の主張が正しいという客観的な証拠がなく、周りの人たちから疑わしいと思われる恐れがあるのなら、責任否定は信頼低下を招くので、正当化したり否認したりするのは避けたほうがいい。

1章でも論じたように、日本人には、自ら非を認める行為を「潔い」として肯定的に評価する傾向がある。私の研究室で修士論文を書いた中国人留学生の王瑩さんが訳したように、潔さは「純粋で私心がない」ことで、有利な計らいを期待した戦略的なものではないというニュアンスが込められている。

王さんの研究は、謝罪が持つ別のパラドクスを示している。それは、当事者はさまざまな効用を期待して謝罪を行うが、謝罪が有利にはたらくことを期待しているということを相手に気付かれると、効用が期待できなくなってしまうという点である。それは、効用を期待することは「潔さ」を損なうからである。効用の期待などしていない、ただ良心の呵責から、やむにやまれぬ思いから出た純粋の行為であると他の人たちから知覚されて初めて、謝罪はその効用を最大限に発揮する。

つまり、謝罪は戦略的でありながら、非戦略的と思われることが大切という高度なコミュニケーションなのである。日本人の間では特にこの点が謝罪の成否の重要なカギとなっている。

不合理な謝罪圧力に、どう応えるか

しかし、自分に責任がない場合には、どうすべきであろうか。日本社会では謝罪への圧力が強いので、責任の有無にかかわらず、関係者に対して謝罪を求める傾向がある。

大学生が事件を起こすと、それが大学の管理外で起こったことであっても、所属する大学の学長が謝罪会見を開くことがある。学生に対する指導が不適切だったからというのが理由だが、直接の指導教員でさえ大学生の私生活に口出しをすることなどできないのだから、当の学生に会ったこともない学長に責任を求めるのが合理的とは思われない。

同様の不条理は、大人が起こした事件に対してもみられる。たとえば、成人した子どもが引き起こした犯罪や事故であっても、マスコミが親の元に押しかけ、謝罪を強要するような現象がある。著名なテレビタレントの息子が不祥事を起こし、謝罪する姿がテレビを通してお茶の間に流れた。子どもがいる三十過ぎの息子が犯した行為を、七十近い親が謝ることに疑問も感じるが、それが日本という社会でもある。

このように、法律的に親の管理下にない成人の行為に対してすら、日本のマスコミはしばしば親の責任を追及するような報道をする。視聴者もまた、子どもが起こした事件に対して、親が「大人なのだから自分には関係ない」とでも言おうものなら、「無責任だ」と非難するであろう。

そうした反発を予期してか、多くの親は取材陣に向かって「被害者の方には申し訳ない」あるいは「世間を騒がせて申し訳ない」などと謝罪する。アメリカのような国だったら、おそらく「自分は息子の無罪を信じている」とか「息子の罪を晴らすために、優秀な弁護士を探すつもりだ」などと発言する親がいるだろうし、そのほうが親として当然の行為であると受け止められる可能性すらある。日本人から見ると違和感はあるが、これはこれで、親として取るべきひとつの姿勢であるような気もする。

謝罪文化の強い日本では、このように過剰な謝罪圧力があり、時にそれは、実際の責任の所在を無視したような、不条理な追及を行うことがある。不条理とは感じつつも、日本社会では誰もが謝罪し、ひいては子どもの指導においても、謝罪することを優先的に指導するようになる傾向がある。

日本社会で子どもが生きていくためには、まず、周囲の人たちから受け入れられなければならない。いじめの悲劇が脳裏にこびりついている親たちのなかには、集団から排斥されることは子どもにとって最悪の事態であり、何を犠牲にしてもそれだけは避けなければならないと思い込んでいる人が多い。

このため親たちは、人に嫌な思いをさせたら、たとえ自分は悪くないと思っても「とにかく謝りなさい」と、社会が求める謝罪圧力に屈した、不条理な指導を行うことがある。

まずは相手の怒りを鎮めることを心がける

実際には悪いことをしていないのに謝るのは、明らかに行き過ぎである。実際、職場のように能力と倫理の両面が信頼の絆となっている社会的関係では、謝ってさえおけばよいというものでもない。非を認めることは、社員としての信用や評価に多少なりともマイナスの影響を与える。

「自分は間違っていない」という信念に反して謝罪すれば、個人としてのプライドが傷つけられる。また、同様の負事象の発生を防ぐために、作業手順やシステムの見直しが必要な場合もあり、そうしたときに、当事者が悪いということだけですませてしまえば、問題の改善には繋がらない。

負事象に関与したと疑われたが、自分に責任がない場合は、どうすべきなのであろうか。2つの具体例を挙げて、対処の仕方を考えてみよう。

【事例1】得意先のE部長から「面談の時間を空けて待っていたのに、なぜ来ないんだ」というクレームの電話が来た。その時間、あなたは他の得意先にいて商談の最中だった。E部長との面談はこちらが申し込んでいたもので、確かに一度は今日のこの時間にセットされていた。

しかし、別の商談が入り、どうしてもそちらを優先せざるを得ない事情があったため、数日前、E部長の秘書に電話をして、「改めて日時をご相談させていただきます」と伝えていた。ところが、秘書がE部長にこのことを伝え忘れたのか、部長は当初の予定通り打ち合わせがあるものと思って待っていて、怒りの電話を寄越したもののようであった。

このような場合、事実に反して「うっかり失念していました。申し訳ありません」と嘘を言ってまで謝る人はいないであろう。

当然、自分の正当性を主張する「正当化」を行うことになる。しかし、相手が取引先であることを考えると、言い方には細心の注意が必要である。もしも、「そちらの秘書のせいだ。こちらにはまったく非がない」と一方的に主張して秘書を責めれば、丸く収まるものも収まらなくなる。秘書とはいえ、その機嫌を損ねては、今後の付き合いに差し支える可能性があるので、対応は慎重にしたほうが良い。

こうしたケースでは、まずはE部長に電話して、次のような言い方をしたほうが良いであろう。

「ご迷惑をおかけして申し訳ありません。実は、3日前、面談の日時を変更していただくよう秘書の方にお願いしたつもりだったのですが、行き違いがあったのかもしれません。もし、まだお時間をいただけるのでしたら、こちらの仕事が終わり次第、駆けつけますので、よろしくお願いいたします」

ここでは「申し訳ありません」と謝罪のような表現が用いられているが、これは被害者である部長に対する労りの言葉であって、責任を認める発言ではない。

相手が激している状態ではこちらの主張に耳を傾けてはもらえないので、まずは、相手の感情を鎮めることが肝要である。そのために、こうした労りの表現を用いるのである。部長のほうでも「何か行き違いがあったらしい」と感じてくれれば、短気を起こして「もうおまえのところとは取り引きしない」という極端な反応に走ることを食い止めることができるからである。

運が良ければ、駆けつけたときには、E部長と秘書との間で確認がすんでいて、秘書の失念であったことが明らかになっているかもしれない。その場合には、E部長や秘書から謝罪の言葉があるかもしれないが、こちらとしても、

「あとから変更を申し出たりしたのが、混乱の原因だったんでしょう。申し訳ないことをしました」

と言って、責任を分かち合う姿勢を見せたほうがいい。この段階で責任を分担しても実害がないことははっきりしているので、むしろ、秘書の責任軽減に手を貸すほうが、親密な関係の構築という面では効果的だからである。

社内での出来事であったとしても、自分の責任でないことが明確になればよいのだから、必要以上に相手を責める必要はない。責任が相手側にあるからといって、過剰に責めれば遺恨が生じ、その後の協力を得られにくくなる恐れがあるので、気を付けないといけない。むしろ貸しを与えるつもりで、「間違いは誰にでもあるよ」と寛容に対応するほうが有益である。

また、誰の責任であれ、トラブルが起こったときには、できるだけ直接会って、対面で話をするということが重要である。電話やメールではニュアンスが伝わらず、誤解を招いて、問題をこじらせる恐れがある。

釈明は特に表情やニュアンスが大切である。謝罪は頭を下げたり、悔恨の表情を見せたりするなど非言語的表現を伴い、これが謝罪のメッセージを強めるはたらきをする。この事例のような場合、正当化であっても、「余計な手間を取らせてしまって申し訳ない」と労りの言葉を伝え、加えて真摯な態度を示せば、相手に好感を与えることができるだろう。

対面は、別の意味でも有益である。負事象の関係者、特に被害者は、自分が軽視されたと感じて自尊心が傷ついていることが多い。それが怒りの原因になっている。そうした場合、こちらから出向いていくということは、相手を尊重しているというメッセージを伝えることになる。それが相手の自尊心を回復させ、怒りを和らげることに役立つ。特に、この例のように、こちらに責任がないにもかかわらず、それでも手間暇をかけて出向いていくことは、相手に対するより強い尊重のメッセージになる。

責任の所在がどちらにあっても、時間を無駄にしたという不快感が相手側に残る可能性はあるのだから、少しでも感情を和らげるための手立てを取ったほうが得策といえる。

自分が正しいと思っても、一方的な自己主張は避ける

次の事例も、2章で取り上げた事例をアレンジしたものである。

【事例2】取引先のF社から、納入製品に不具合があるとのクレームを受けた。その結果、非難の矛先は、当該生産ラインの担当者であるあなたに向けられた。しかし、クレーム内容を詳しく調べた上で、自社の生産プロセスを再チェックしたところ、製品自体はF社から提供された設計図どおりにつくられたものであることが判明した。

あなたは、問題があるとすれば、発注元の設計図に何らかのミスがあったせいであろうと確信した。

この例でも、あなたには非がないので、釈明としては「正当化」を用いることになる。しかし、自分の正当性を一方的に主張することは、前の例と同様、相手のプライドを傷つけ、その後の関係を危うくする可能性がある。特にF社は、あなたの会社にとって大切な取引先なのだから、釈明を伝えるにしても慎重にしなければならない。

この場合も、問題の重要性や対処の難しさから考えて、電話やメールではなく、対面での話し合いが不可欠である。相手の会社にすぐに駆けつけることは、相手に対する尊重を示すと同時に、この問題を重大なことと考えていると相手に伝えることになるであろう。

F社側の担当者は、自分の方が被害者だと思い込んで、腹を立てていると仮定することができる。このとき、あなたが「そちらの設計図にこそ問題がある。こちらはまったく悪くない」と正面切って非難すれば、たとえ主張が正しくても、相手のプライドを傷つけ、その後の交渉を困難にする恐れがある。

アメリカ人同士なら、言いたいことを言い合ってもわだかまりを残すことなく、その後も以前と同様に付き合っていけるかもしれないが、日本人の場合にはそうはいかない。そこで、正当化の釈明を試みる前に、「この度は、ご迷惑をおかけして申し訳ない」など労りの表現を先行させる必要がある。

そのように相手を労ったのちに、できるだけ相手を責める調子を出さず、相談をするという姿勢で話し合いを進めるのが良いであろう。たとえば、

「ご指摘いただいた件、私どものほうで検討してみたのですが、どうもよくわからない点があって、ご相談にうかがいました」

などというところから話し合いを始め、設計図と製品を対照させながら、相手の指摘をその場で確認し、その作業を通して、自分たちの主張をわかってもらうように努める。

こうした話し合い（交渉）では、自己主張を早目に出すことはせず、まず、相手の言い分をじっくり聞くようにしたい。また、相手の主張に矛盾を見出しても、そこを突いて相手をやり込めるようなことは避けるべきである。お互いに主張をぶつけ合うような対決状態を避け、一緒に知恵を出し合って問題解決に取り組むという関係構築を試みるのが良い。つまり、対立関係ではなく、協力関係であるという雰囲気づくりをすることである。

この事例も、正当化という釈明を用いるものだったが、正当化は自己主張なので、相手と対立関係に陥る可能性が高い。裁判など、初めから対決状態にある場合は別にして、取引先や同僚など、今後も付き合いを続ける必要がある場合には、社会的関係を損ねないよう気を付けなければならない。

そのためには、相手の言い分を聞く（傾聴）、労りの態度を示す、一方的に自己主張せず、協力して問題解決に取り組むという姿勢を心がける必要がある。

仕事上のトラブルであるなら、たとえ自分に責任がないと確信している場合であっても、正当化によって一方的に自己主張をするのではなく、相手の気持ちにも配慮しながら、協力関係の中で交渉を進めるのが、最も好ましいやり方であるといえるであろう。

倫理不足と思われないように、釈明内容を組み立てる

ただし、関与した負事象が倫理性不足によるものであるとみなされると、当事者には人格的問題があるとみなされ、謝罪を誠実なものとは受け止められなくなる恐れがある。謝罪の効用を失うこともさることながら、周囲の人たちから人格的な問題があると見られることのほうが、当人にとっては深刻な問題である。

だからこそ負事象に関与した人は、他の人たちからそのように見られることは何としても回避すべきで、不首尾の原因が倫理性の不足と受け取られないように、釈明の内容を組み立てる必要がある。この観点から、各釈明の注意点を挙げてみる。

否　認

傍から見て「嘘だろう」と思われるような否認は、絶対にすべきではない。「嘘を言っ

ている」と思われると、それだけで人格的問題を持っているとみなされるからである。嘘をつくのは自分の利益を守ろうとするためと解釈されるから、自己中心的な人だとみなされる。しかし、それ以上に、人物評価が悪化することのほうが大きな問題である。

嘘をつかないというのは社会生活の基本的ルールである。職場でも地域でも、人々は互いに信頼し合って協力していく必要があるが、嘘をついたり騙したりするのは、こうした社会的基本原則に反するものである。だから嘘つきと思われると、社会人としての資格がないと判断され、他の人たちからの信頼を失い、社会的な関係から排斥されてしまう恐れがある。

この点から見て、特に気を付けなければいけないのは、「自益的バイアス」である。これは物事を自分に都合良くみるという心理的傾向で、多かれ少なかれ誰にでもある。そのバイアスが強いと「嘘を言ってもばれないだろう」と自分に都合よく考えてしまう。これが危うい心理で、その誘惑に負けて嘘をついてしまうと、あとで大きなしっぺ返しをくらうことになる。

職場など、信用や信頼がとりわけ重要な社会的場面では、その誘惑に負けないよう自分をコントロールしなければならない。

正当化

正当化は、自分が正しいと主張するものだが、倫理性が問われないようにするには、その根拠の選び方が重要である。

自分の都合や利害のみを強く主張すると、自己中心的な人と見られることになる。それでも、否認して嘘つきと思われるほどには、人格的評価は低下しない。自分の利害を守ろうとする気持ちは誰にでもあるから、嘘をついたり、人を騙したりというルール違反を犯したわけでなければ、それほど悪い評価を受けることはないと思われる。

アメリカのような個人主義文化圏では、自己利益を堂々と主張することは正当なこととして受け入れられ、好意的に評価されることがあるが、日本では自己利益をあからさまに主張すると、眉をひそめられることが多い。日本では、正当化自体が、あまり好意的には受け止められないから、自己の都合だけを主張しているという印象を与えないように気を配ったほうが良いであろう。

そのためには、自己利益以外の根拠を主張しなければならないが、職場では、職務や役割がそれにあたる。正当化するのは、自分の役割を全うするため、あるいは自分の責任を果たすためであると説明することが、最も受け入れられやすい。たとえば、「お客さまに迷惑を掛けないようにするために、やむを得なかった」などと説明する。

しかし、自分の行為によって迷惑をこうむっている人がいる場合には、その人たちの感情に配慮して、「君たちには申し訳ないことをした」などと労りの表現などを付け加えたほうが良い。いずれにしても、一方的な自己主張は控えるべきである。

自己主張をする場合の合理的な根拠としては、会社内に限定されない一般的な社会的ルールやマナーが挙げられることがある。人付き合いには、たとえば、「助けてもらった人には、お返しする」「見ず知らずの人であっても、丁寧に接する」などの暗黙のルールがある。しかし、社会的ルールはさまざまで、たとえば、「困っている人がいたら助けてあげる」というルールと「人のプライバシーには深入りしない」というルールは、状況によっては矛盾するので、どちらに従ったらよいのか迷うようなこともある。

このため、自分の正当化の根拠として、あるルールを持ち出しても、他の人たちは別のルールを持ち出して、正当化を受け入れようとしないこともある。そうした場合、自説を譲らずに言い争いになれば、その後の人間関係を悪化させてしまうかもしれない。

繰り返すが、正当化を行うときは、倫理的に問題があると思われないようにする必要がある。そのためには、職務や社会的ルールに基づいた主張をしたほうが良い。ただし、その場合でも、対決が激化しないように、相手の言い分に耳を傾けながら、自分の考えを分かってもらえるように努力する。自己の行為を正当化する一方で、対立を激化させないようにするのが賢明な方法である。

弁　解

弁解とは責任を他に転嫁する釈明で、日常生活でも頻繁に使用される。しかし、不用意に使うと「無責任」という印象を与えてしまう。重大な問題を引き起こすわけではないとはいうものの、弁解ばかりしていれば人格的評価を下げてしまうことになる。

弁解は、人付き合いでも非常に気軽に用いられる。約束の時間に遅れてきた友達は、「道が混んでいて」とか「出がけに上司に仕事を言いつけられた」とかの弁解をする。その約束が一緒に飲みに行くなどの軽いもので、違反行為が重大な結果を招くようなものでなければ、ほとんどの人が、本当に道が混んでいたのかを調べたり、本当に上司が用事を言いつけたのかを確認しようと思ったりはしないであろう。

弁解には、謝罪と同じような効用がある。弁解は、その行為を悪いことだと認めており、こちらに迷惑をかけたことを認識しているために行われる。つまり、罪を認めている。だからこそ、人はその弁解を受け入れて、問題を収めようとする。それゆえ、友達付き合いでの弁解は気軽に行われ、深刻な問題に発展することは少ない。

しかし、職場ではそうはいかない。事例で取り上げたような負事象は、会社に悪影響を与えかねない問題なので、もしも自分に責任はないということを主張するのであれば、誰に対しても十分に説得力のある合理的理由を挙げる必要がある。疑わしい理由で弁解を試みるのは、「無責任」とか「不真面目」といった倫理性に関わるネガティブな評価を招く恐れがあるからである。

特に注意すべきなのは、衝動的に弁解してしまうことである。多くの人が日常生活で頻繁に弁解を口にし、また、周囲の人からの弁解を聞いているので、職場でも気軽に口を突いて出てしまうことがある。そんなとき、同僚たちの多くは見逃してくれるかもしれないが、頻繁であれば、「なんか信用できないやつだな」と思われるようになり、人物評価が低下してしまうこともある。

だからこそ、仕事に関連した負事象では、どんな小さな問題であっても、きちんと説明するように心がけ、もし衝動的に弁解を口にする癖があるなら、意識して直したほうが良いであろう。

組み合わせによって、適切な表現を選ぶ

日本人の心情を念頭に、適切な謝罪の表現について考えてみよう。

釈明は、いくつかの要素から構成される言語表現である。詳しくは2章で述べたが、それらの要素をすべて取り入れて完全な謝罪を構築すると、以下のようになる。

「確かに、それは私の担当でした」（**負事象への関与**）
「本当に、不注意でした」（**行為の不当性**）
「私の責任です」（**責任**）
「申し訳ないことをしました」（**悔恨**）
「ご迷惑をかけた方々には、大変気の毒に思います」（**労り**）
「これからは十分気をつけます」（**改善の誓い**）

「どうか、許していただけないでしょうか」（**許しを乞う**）

完全な謝罪には、これらすべての要素が組み込まれている。それは大変丁寧な印象を与えるものだが、一方で、ややくどい感じにはなる。公式の謝罪では、こうした多くの要素を含んだもののほうがよいが、非公式の場面では必ずしもそうではない。必要以上に丁寧にすると、慇懃無礼な印象を与えかねず、むしろいくつかを省略して、より簡潔な謝罪をしたほうが好ましい場合もある。

一般的に見て好ましいと思われる典型的な謝罪は、

「私の担当でしたが、確かに不注意でした。申し訳ないことをしたと思っています。これからは気をつけます」

という言い方で、これは［関与＋不当性＋悔恨＋誓い］を組み合わせたパターンである。

もっと簡素な表現も用いられる。たとえば、

「今回のことは私のせいです。申し訳ありませんでした」

という謝罪は［責任＋悔恨］の組み合わせである。責任の代わりに、［行為の不当性（原因）］を入れて、

「まったく不注意でした。本当に申し訳なく思っています」

というパターンもよく見られる。実際、この3つの要素（不当性、責任、悔恨）が謝罪の中核となるもので、これらのどれかが入っていると、一応は謝罪したとみなされる。ところが、これら3要素のどれも入っていないと、一見謝罪のようでありながら、実は謝罪ではないという変な形になる。たとえば、

「確かに、それは私の担当でした。ご迷惑をおかけした方々には、大変お気の毒に思います」

という言い方は、［関与＋労り］パターンの発言だが、責任も悔恨も含まれていないので謝罪とはいえないだろう。これに、「これから気をつけます」（誓い）とか「許して下さい」（許しを乞う）という言葉を付け加えると、悔恨を暗示しているので謝罪という感じになる。

しかし、それでも不完全な印象を与えるのは、自分の責任や不当性を認める発言がないからである。プロ野球の統一球問題で、コミッショナーが「影響を被った選手、ファンのみなさんにお詫びを申し上げたい」と謝罪した一方で、「自分はそのことを知らされていなかった」と責任回避した謝罪会見を例に挙げたが、これも謝罪のように見えながら実は謝罪ではない典型である。こういう釈明をすると、多くの人が「本当に知らなかったのだろうか」と、かえって疑惑を感じ取り、倫理性さえ疑ってしまうことになる。

また、飛行機や電車など公共交通機関の事故などでは、調査委員会による責任認定に時間がかかるので、それ以前に行われる会社の謝罪会見では責任に対する言及がない場合がある。そんなときの釈明は、

「事故に遭われた方々には大変申し訳なく思います。今後、このようなことがないよう

万全の体制を作って参ります」

という［労り＋誓い］のパターンになることが多い。こうした事故では、責任を認めると会社や責任者に対する法的制裁、あるいは莫大な賠償金が発生する恐れがあるので、担当者としても弁護士の意見に従って、責任が明確になるまで謝罪しないことが多い。

しかし、責任を認めると大きな賠償金や厳しい罰が待っているというケースでない限り、日本では、先に挙げたような［責任＋悔恨］パターンの謝罪か、これに［労り］と［誓い］を加えたものが標準的なものになる。具体的には、次のような表現だ。

標準的謝罪表現

「ご迷惑をおかけして、申し訳ありません。今回のことは私の責任です。今後は十分気をつけたいと思います」

「この度は、私の不注意でご迷惑をおかけしました。本当に申し訳ありません。今後、このようなことがないよう十分に注意いたします」

この例でもわかる通り、好ましい謝罪とは、責任を認め、被害者を労り、今後二度と同じようなことを起こさないことを誓う、という組み合わせである（責任＋労り＋誓い）。

そして、否認や正当化を行う場合は、まったくそのことに関与していないという確信と客観的証拠、そして、被害者や周囲の人々に対する丁寧な説明が求められる。そうでなければ倫理的な評価を落としてしまい、事態はさらに悪化することになるであろう。

おわりに

日本人の謝罪傾向の背後には、「人に迷惑をかけたら、とにかく謝りなさい」という社会規範（暗黙のルール）が存在し、それは生活経験を通して学習されるものといってもいいであろう。実際、日本では、そうした機会が特に多いのではないかと推測でき、その背後には、親による子どもの指導が見え隠れしているように思う。

私の研究室で行った調査だが、小学生の子どもを持つ親と教師を対象に、男子児童同士のトラブルを描いたエピソードを示し、加害者の子どもをどう指導するかを答えさせた。結果は、親も教師も謝罪を選択し、強い謝罪優位がみられた（図21）。

このことは、子どもを指導する立場にいる大人たちが、子どもたちに謝罪するよう強く促す傾向があることを示している。大人のなかには、子どもからろくに事情も聴かず「と

［図 21］ 親と教師による子供の釈明指導

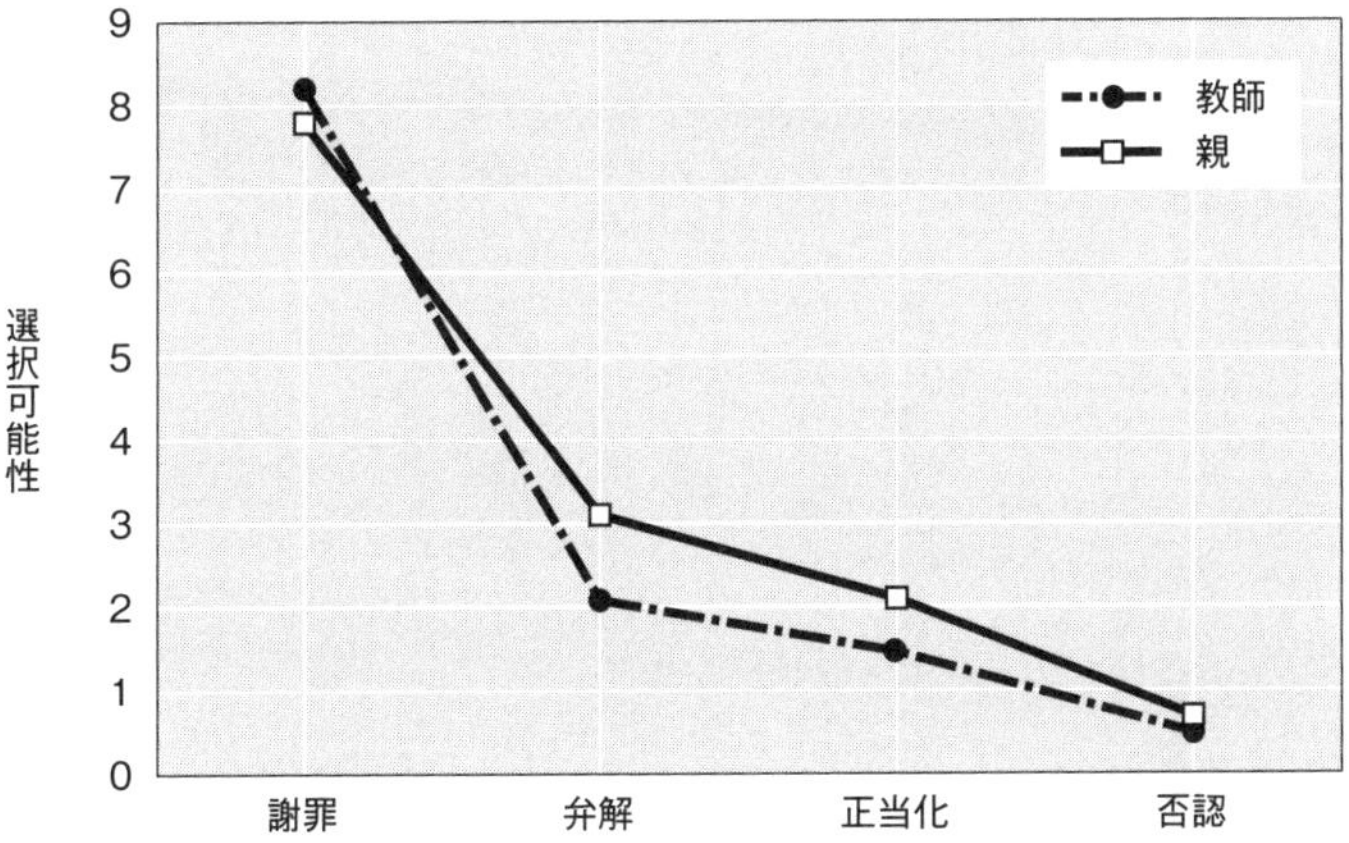

（大渕・斎藤，1999）

にかく、謝りなさい」と謝罪を強要するケースだってある。

子どもに対する指導のなかでみられる、こうした強い謝罪優先傾向が影響し、いつの間にか子どもたちも、謝罪したり、謝罪を受けたりしないと気がすまないようになるのかもしれない。日本人の謝罪傾向は、こうして形成されている可能性がある。

すでに述べたように、謝罪を重視する日本人の心の奥底には、人間関係重視と受容欲求、他者配慮、ポジティブな人間観、自責傾向、葛藤回避、ストレス脆弱性などが存在する。江戸時代の初めから幕末まで、日本人は海外との交流が途絶え、移動の自由も少なかったので、村社会のように、見知った人とのみ付き合って生涯を終える人も多かった。「和を以て尊しと為す」という考え方は、そういう社会に暮らす日本人の生活の知恵であったのであろう。そして謝罪は、密度の濃い、そうした人間関係を壊さないようにするための工夫でもあったと思われる。


事件や事故、政治家の失言、あるいは企業の不祥事など、テレビでは毎月のように釈明会見が報道されている。そうした会見のなかには、自己の利益を優先するため、弁解や正当化に終始してしまっているように感じられるものも多い。本書を読んだことで、そうした試みをしたくなる人の心理もわかっていただけたことと思う。

しかし、無理矢理に正当化や否認を試みて、その会社や人間の倫理性を疑われては元も子もない。「もう信じない」と国民の信用が失墜してしまった会社や政党もすでにあるようだが、今からでも遅くはない。正しい釈明を心がけて、信頼回復の道を探るべきである。

引用文献

Bennett, M. & Dewberry, C. (1994). "I've said I'm sorry, haven't I?" A study of the identity implications and constraints that apologies create for their recipents. *Current Psychology*, 13, 10-20.

Brown, R. P. (2003). Measuring individual differences in the tendency to forgive: Construct validity and links with depressions. *Personality and Social Psychology Bulletin*, 29, 759-771.

Brown, R. P. & Phillips, A. (2005). Letting bygones be bygones: Further evidence for validity of the tendency of forgive scale. *Personality and Individual Difference*, 38, 627-638.

Deci, E. L. & Ryan, R. M. (1985). The general causality orientations scale: Self-determination in personality. *Journal of Research in Personality*, 19, 109-134.

Exline, J. J., Baumeister, R. F., Bushman, B. J., Campbell, W. K., & Finkel, E. J. (2004). Too proud to let go: Narcissistic entitlement as a barrier to forgiveness. *Journal of Personality and Social Psychology*, 87, 894-912.

Gold, J. G. & Weiner, B. (2000). Remorse, confession, group identity, and expectances about repeating a transgression. *Basic and Applied Social Psychology*, 22, 291-300.

Goleman, D. (1996). *Emotional Intelligence: why it can matter more than IQ*. London: Bloomsbury.（土屋京子訳『EQ　こころの知能指数』講談社、1998）

Grasmick, H. G., Tittle, C. R., Bursik, R. J., & Arneklev, B. J. (1993). Testing the core empirical implications of Gottfredson and Hirschi's general theory of crime. *Journal of Research in Crime and Delinquency*, 30, 5-29

Graziano, W. G., Jensen-Campbell, L. A,. Hair, E. C. (1996). Perceiving interpersonal conflict and reacting to it: The case for agreeableness. *Journal of Personality and Social Psychology*, 70, 820-835.

Howell, A. (2011). The disposition to apologize. *Personality and Individual Differences*, 51, 509-514.

Hui, C. H., Lau, F. L. Y., Tsang, L. C., & Pak, S. T. (2011). The impact of post-apology

behavioral consistency on victim's forgiveness intention: A study of trust violation among coworkers. *Journal of Applied Social Psychology*, 41, 1214-1236.
Itoi, R., Ohbuchi, K., & Fukuno, M. (1996). A Cross-Cultural Study of Preference of Account: Relationship Closeness, Harm Severity, and Motives of Account Making. *Journal of Applied Social Psychology*, 26,913-934.
Kim, P. H., Dirks, K. T., & Cooper, C. D. (2009). The repair of trust: A dynamic bilateral perspective and multi-level conceptualization. *Academy of Management Review*, 34, 401-422.
Kim, P. H., Ferrin, D. L., Coorper, C. D., & Dirks, K. T. (2004). Removing the shadow of suspicion: the effects of apology versus denial for repairing competence-versus integrity-based trust violations. *Journal of Applied Psychology*, 89, 104-118.
Lawler-Row, K. A., Younger, J. W., Piferi, R. L., & Jones, W. H. (2006). The role of adult attachment style in forgiveness following an interpersonal offense. *Journal of Counseling and Development*, 84, 493-502.
Long, C. (2010). Apology in Japanese gratitude situations: The negotiation of interlocutor role-relations. *Journal of Pragmatics*, 42, 1060-1075.
Milulincer, M. & Shaver, P. R. (2011b). An attachment perspective on interpersonal and intergroup conflict. In J. P. Forgas, A. W. Kruglanski, & K. D. Williams (Eds.), *The psychology of social conflict and aggression* (pp. 19-35). New York: Psychology Press.
王瑩 (2013).「謝罪に対する認知と反応に関する日中比較研究」東北大学大学院文学研究科平成24年度修士論文
大渕憲一 (2006).『犯罪心理学　犯罪の原因をどこに求めるのか』培風館
大渕憲一 (2010a).『謝罪の研究：釈明の心理とはたらき』東北大学出版会
大渕憲一 (2010b).「日本人と謝罪」平成22年瓢木会総会特別講演
Ohbuchi, K., Kameda, M., & Agarie, N. (1989). Apology as aggression control: Its role in mediating appraisal of and response to harm. *Journal of Personality and Social Psychology*, 56, 219-227.
大渕憲一・斎藤麻貴子 (1999)「親と教師による子どもの釈明指導の研究：日本人の釈明使用と状況要因」、大渕憲一編『日本人の謝罪傾向の起源　比較文化的発達研究』平成8年度稲盛財団助成金研究報告書 (pp. 65-92).

Ohbuchi, K., Suzuki, M., & Takaku, S. (2003). Strategicness/authenticity of accounts and their instrumental/non-instrumental variables: A cross-cultural examination. *Tohoku Psychologica Folia*, 62, 57-74.

Ohbuchi, K., Takaku, S. & Shirakane, S. (2006). Account selection in inter-group conflict: A cross-cultural consideration. *Tohoku Psychologica Folia*, 65, 86-94.

Risen, J. L. & Gilovich, T. (2007). Target and observer differences in the acceptance of questionable apologies. *Journal of Personality and Social Psychology*, 92, 418-433.

Sandage, S., Worthington, Jr., E. L., Hight, T. L., & Berry, J. W. (2000). Seeking forgiveness: Theoretical context and an initial empirical study. *Journal of Personality and Theology*, 28, 21-35.

Schmitt, M., Gollwitzer, M., Foerster, N., & Montada, L. (2004). Effects of objective and subjective account components on forgiving. *Journal of Social Psychology*, 144, 465-485.

Sigal, J., Hsu, L., Foodim, S., & Betman, J. (1988). Factors affecting perceptions of political candidates accused of sexual and financial misconduct. *Political Psychology*, 9, 273-280.

Strughers, C. W., Eaton, J., Santelli, A. G., Uchiyama, M., & Shirvani, N. (2008). The effects of attributions of intent and apology on forgiveness: When saying sorry may not help the story. *Journal of Experimental Social Psychology*, 44, 983-992.

Takahashi, Y. (2005). Toward a balancing approach: The use of apology in Japanese society. *International Review of Victimology*, 12, 23-45.

Tomlinson, E. C., Dineen, B. R., & Lewicki, R. J. (2004). The road to reconciliation: Antecedents of victim willingness to reconciliation following a broken promise. *Journal of Management*, 30, 165-187.

Wink, P. (1991). Two faces of narcissism. *Journal of Personality and Social Psychology*, 61, 590-597.

大渕憲一　おおぶち・けんいち

1950年秋田県生まれ。東北大学大学院文学研究科教授。専門は社会心理学。特に人間の攻撃性と紛争解決の心理的解析を行う。著書に『謝罪の研究　釈明の心理とはたらき』（東北大学出版会）、『思春期のこころ』（ちくまプリマー新書）、『満たされない自己愛　現代人の心理と対人葛藤』（ちくま新書）、『新版 人を傷つける心　攻撃性の社会心理学』『紛争と葛藤の心理学　人はなぜ争い、どう和解するのか』（ともにサイエンス社）などがある。

編集協力／ムーブ
校　　正／円水社

失敗《しっぱい》しない謝《あやま》り方《かた》

2015年5月25日　初版発行

著　者　大渕憲一

発行者　小林圭太
発行所　株式会社CCCメディアハウス
〒153-8541　東京都目黒区目黒1丁目24番12号
電話　03-5436-5721（販売）
　　　03-5436-5735（編集）
http://books.cccmh.co.jp

装　幀　尾形 忍（Sparrow Design）

印刷・製本　豊国印刷株式会社

ISBN978-4-484-15209-7